35
ANOS

A DEMOCRACIA EQUILIBRISTA

PEDRO ABRAMOVAY
GABRIELA LOTTA

A democracia equilibrista

Políticos e burocratas no Brasil

Copyright © 2022 by Pedro Abramovay e Gabriela Lotta

Grafia atualizada segundo o Acordo Ortográfico da Língua Portuguesa de 1990, que entrou em vigor no Brasil em 2009.

Capa e imagem
Felipe Sabatini e Nina Farkas/ Gabinete Gráfico

Preparação
Maria Emilia Bender

Revisão
Renata Lopes Del Nero
Bonie Santos

Índice remissivo
Luciano Marchiori

Dados Internacionais de Catalogação na Publicação (CIP)
(Câmara Brasileira do Livro, SP, Brasil)

Abramovay, Pedro
   A democracia equilibrista : Políticos e burocratas no Brasil / Pedro Abramovay, Gabriela Lotta. — 1ª ed. — São Paulo : Companhia das Letras, 2022.

   Bibliografia:
   ISBN 978-65-5921-108-1

   1. Brasil – Política e governo 2. Democracia – Brasil 3. Política – Aspectos sociais 4. Política – Brasil I. Lotta, Gabriela. II. Título.

22-115947   CDD-321.8

Índice para catálogo sistemático:
1. Democracia : Ciência política   321.8

Cibele Maria Dias – Bibliotecária – CRB-8/9427

[2022]
Todos os direitos desta edição reservados à
EDITORA SCHWARCZ S.A.
Rua Bandeira Paulista, 702, cj. 32
04532-002 — São Paulo — SP
Telefone: (11) 3707-3500
www.companhiadasletras.com.br
www.blogdacompanhia.com.br
facebook.com/companhiadasletras
instagram.com/companhiadasletras
twitter.com/cialetras

Para Chico, Quino e Bebel, este livro, que busca caminhos para que o mundo deles possa ser melhor que o nosso.

Brasil, o teu nome é Dandara
E a tua cara é de cariri
Não veio do céu
Nem das mãos de Isabel
A liberdade é um dragão no mar de Aracati

Salve os caboclos de julho
Quem foi de aço nos anos de chumbo
Brasil, chegou a vez
De ouvir as Marias, Mahins, Marielles, malês

Samba-enredo da Estação Primeira de
Mangueira em 2019

Sumário

Introdução — O motor da democracia................. 9

PARTE I — POLÍTICA E BUROCRACIA
1. O fetichismo da meritocracia..................... 17
2. Velhos e novos padrões da relação entre Estado
   e sociedade no Brasil........................... 28
3. As reformas do Estado de FHC e Lula.............. 40

PARTE II — DEMOCRACIA DESEQUILIBRADA: O DOMÍNIO
DA TÉCNICA SOBRE A POLÍTICA
4. Lei de Acesso à Informação....................... 55
5. Caso Battisti................................... 65

PARTE III — DEMOCRACIA DESEQUILIBRADA:
A TÉCNICA E SEU DESPREZO PELA POLÍTICA
6. Política de drogas............................... 75
7. A captura da Controlaria-Geral da União........... 87
8. Enccla e a Lava Jato............................. 90

PARTE IV — DEMOCRACIA EQUILIBRISTA: POLÍTICA
E TÉCNICA NA PROMOÇÃO DA DEMOCRACIA
9. Pensando o Direito 107
10. Estatuto dos Povos Indígenas 122
11. Caso Lei Seca 129
12. Caso Marco Civil da Internet 135

Considerações finais 145
Agradecimentos 149
Notas 153
Referências bibliográficas 158
Leitura complementar 161
Índice remissivo 163

Introdução
O motor da democracia

Florestan Fernandes nasceu em São Paulo, num cortiço, em 1920. Filho de uma empregada doméstica, ficou órfão de pai logo que nasceu. Aos seis anos se empregou como auxiliar numa barbearia e mais tarde fez bicos como engraxate e garçom. Largou os estudos no terceiro ano do ensino fundamental, então chamado primário, e só foi retomá-los já adulto, formando-se em ciências sociais pela Universidade de São Paulo, a USP. Aos quarenta anos era considerado o principal sociólogo brasileiro. Florestan integra a geração dos professores de avental branco, como diz Fernando Henrique Cardoso, aqueles que faziam pesquisa com enorme rigor científico.

A trajetória pouco usual de conquista de um espaço social a partir do esforço acadêmico e a obsessão pelo método científico ao analisar os problemas sociais poderiam ter produzido um intelectual defensor da meritocracia como elemento de ascensão social e da ciência e da técnica como aspectos centrais das soluções para os problemas do país.

Mas Florestan Fernandes tornou-se o oposto disso. Sempre

deixou claro que seu ingresso na universidade não fazia parte de nenhum projeto coletivo, e por isso sua trajetória não poderia ser vista como modelo para nada.

Alguém poderia escrever: o lumpemproletariado chega à Universidade de São Paulo. Todavia, não era o lumpemproletariado que chegava lá; era eu, o filho de uma ex-lavadeira, que não diria para a cidade de São Paulo "agora nós", como um célebre personagem de Balzac.

Em seu percurso intelectual, ele sempre ressaltou a política como elemento transformador da sociedade. Sua interpretação precisa e original da independência do Brasil, sublinhando a preponderância da política sobre os fatores econômicos, rompe com a visão de uma passagem segura e pacífica e a apresenta como uma verdadeira revolução. Não porque as condições materiais e econômicas tenham gerado mudanças na estrutura social, mas porque a independência permitiu que os senhores rurais se transformassem em atores políticos autônomos e se apropriassem do Estado, criando uma estrutura burocrática para seu domínio patrimonialista. Ou seja, para Florestan, é a política que funda o Brasil.

É também por perceber que as transformações sociais vêm da política que Florestan, mais do que qualquer outro dos ditos intérpretes clássicos do Brasil, percebe a importância da questão da raça na conformação social do país. Ele dá primazia à questão racial justamente a partir de seu elemento político: o negro é central na construção do Brasil, os conflitos raciais são acesos para compreender seu papel na sociedade, o mito da democracia racial é jogado no lixo.

No começo da Nova República, uma quantidade enorme de quadros técnicos foi chamada a compor o governo de Tancredo Neves. Tancredo morreu, Sarney herdou o governo e acabou mantendo a equipe. Havia a ilusão de que a entrada de profissionais competentes no governo seria suficiente para transformar o país que carregava 25 anos de ditadura nas costas. Uma crítica a esse período aparece na canção "Um sonho", de Gilberto Gil, lançada em 1991. Gil descreve um economista que apresenta "estatísticas e gráficos", falando "de polos/ industriais" e "de energia" e da "pujança econômica/ baseada na tônica/ da tecnologia", mostrando que a "cultura", a "poesia" e o "lazer" não podem fazer um país ir para a frente. O economista é interrompido por um velho que assobia "uma triste melodia", e a música termina com estudantes e operários gritando "Viva o índio do Xingu!". É uma canção muito bonita, que traduz muito do que vamos discutir aqui: as soluções para os problemas do país nunca vão sair apenas de estatísticas e gráficos de técnicos muito qualificados; estudantes, operários e operárias, indígenas e tantas outras forças sociais são motores da democracia. Florestan percebia isso claramente no início da Nova República quando alertou:

> Haverá uma *Nova República* se as forças sociais substantivamente democráticas se lançarem ao combate e não deixarem só nas mãos do governo a solução de nossos problemas vitais. Elas farão a revolução democrática — não o governo.

É a política também que retira Florestan da universidade, obrigando-o a se aposentar em 1969. E, não surpreendentemente, é na política que ele encerra sua trajetória pública, como deputado federal pelo Partido dos Trabalhadores entre 1987 e 1994.

Um de seus últimos artigos, publicado seis anos depois da promulgação da Constituição Federal de 1988, chamava a atenção para a permanente possibilidade de que os processos democráticos fossem sequestrados pelas burocracias:

11

A associação de burocratas e tecnocratas com os políticos favorece a despolitização das instituições partidárias, da direita à esquerda. Ela impulsiona ambições pessoais de carreira e projetos particularistas, divorciados das necessidades prioritárias da coletividade. Fortalece, pois, o conformismo, o fascismo potencial e a plutocracia.

É espantosa a precisão do diagnóstico precoce de Florestan, que antecipou o fascismo potencial no sequestro da política pela tecnocracia — fato que o sociólogo, morto em 1995, não pôde acompanhar, mas que testemunharíamos anos depois. Desde meados dos anos 2000, o lema "O Brasil precisa de gestores, de técnicos, e não de políticos" vem ganhando força, tendo se tornado uma das questões centrais nas eleições da última década, quando a política passou a ser vista como expressão não da democracia, mas da corrupção. Ganhava força a ideia de que soluções de políticas públicas pudessem ser propostas por gestores bem formados de qualquer ideologia: a diferença entre esquerda e direita seria irrelevante, se é que existiria. Para cada problema da sociedade existiria uma política pública correta a ser definida e implementada por um técnico que poderia prescindir do diálogo com os diversos setores da sociedade.

Claro, não existe boa política sem boa gestão. Gestores públicos devem produzir tecnicamente os cenários mais adequados para os políticos, os quais, legitimados pelo voto, farão, eles sim, as escolhas. Mas em muitos momentos parte desses gestores tem atribuído a si mesmos a função de alterar o Estado e a política sem a devida legitimidade para tanto, assentando-se na autoridade do cargo ao qual ascenderam por "mérito". Ao fazer isso, eles minam a política por dentro e aos poucos destroem a democracia.

Este livro busca, a partir de exemplos concretos, por vezes singelos, por vezes mais complexos, compreender a tensão entre técnica e política no Brasil pós-1988. São exemplos vividos por um dos autores do livro, Pedro Abramovay, em sua passagem de oito anos por Brasília durante o governo Lula e alguns meses no governo Dilma.

Quando as histórias forem contadas, elas estarão na primeira pessoa do singular, relatadas por Abramovay, mesmo que Gabriela Lotta tenha sido fundamental para a edição final. As outras partes do livro estão todas na primeira pessoal do plural.

Essas histórias nos guiam pelas tensões entre a política e a técnica, entre os políticos e os burocratas, e também entre as enormes forças estruturais que compõem o Estado e a sociedade brasileiros que capturam, convivem e entram em conflito tanto com a técnica quanto com a política.

Qualquer projeto que leve a sério a construção de uma democracia sólida, vibrante e voltada para a diminuição de nossas desigualdades precisa olhar profundamente para os nós que a trança entre a técnica e a política tramou nos últimos anos, bem como para os momentos em que essa aliança engendrou processos virtuosos.

O livro está organizado em quatro partes. A primeira, composta de três capítulos, apresenta os fundamentos teóricos da discussão. Em seguida apresentamos casos que ilustram a primazia da técnica sobre a política, distorcendo o processo democrático. A terceira parte se volta para casos em que a política desconsiderou questões técnicas e interditou o debate sobre determinados temas ao não escutar diferentes perspectivas trazidas pela sociedade e pela burocracia. Finalmente, na quarta e última parte, mostramos casos exemplares de um possível equilíbrio das tensões entre técnica e política, de modo a gerar um terreno fértil para a democracia.

Compreender a relação entre técnica e política é absolutamente fundamental para repensar a maneira como o Brasil poderá seguir o caminho virtuoso apontado pela Constituição de 1988, de garantir o bem-estar de todos e todas, reduzindo as desigualdades com ampla participação social.

Este é um livro de defesa da política como única forma viável e democrática de transformação social, principalmente em um país com desigualdades tão evidentes. Mas é também um livro escrito em um momento em que a política é usada para atropelar a ciência, para passar por cima de procedimentos técnicos fundamentais e ignorar a burocracia que também garante que a democracia possa se efetivar de maneira republicana.

Este é, portanto, um livro que busca compreender como é possível equilibrar a valorização da política e da democracia como vetores principais das transformações que o Estado necessita operar na sociedade sem que isso atropele as decisões técnicas, a ciência e as instituições republicanas. A democracia, por meio da política, escolhe os caminhos que o país deve tomar, e as instituições republicanas, a burocracia técnica, oferecem os materiais para pavimentar as estradas que resultarão dessas escolhas.

PARTE I
POLÍTICA E BUROCRACIA

1. O fetichismo da meritocracia

César Hidalgo é um físico e empresário chileno que sempre tem ideias provocadoras. Uma das mais famosas, popularizada em um vídeo da conferência TED Talks, é bastante polêmica: a substituição de políticos por robôs. Hidalgo parte da premissa de que a desconfiança enorme — e a desilusão também — da população acerca dos políticos advém da impossibilidade de uma comunicação eficaz. Os políticos não estariam aptos a se comunicar com os eleitores, dada a intensidade exigida por um posto sobre o qual recaem decisões de milhares de projetos. Daí a dificuldade do cidadão em aferir se o político está votando conforme seus interesses, e praticamente a inviabilidade de influenciar suas decisões.

Para lidar com esse entrave, o economista defende a possibilidade de treinar robôs para que eles saibam como os eleitores votariam determinadas propostas. Afinal, se toda a estrutura da internet está ancorada na ideia de previsão do comportamento humano, por que não utilizar isso para a política? Se o Instagram pode descobrir o que queremos comprar, por que os robôs não conseguiriam adivinhar nosso voto em determinada matéria?

De posse de informações a respeito de cada um de nós — os autores que você lê, as músicas que ouve, os sites que acessa, seus colunistas prediletos, seus amigos e muito mais —, os robôs poderiam manter uma versão atualizada de suas preferências que seriam agregadas às preferências de outras pessoas, a partir de outros robôs, para chegar a uma proposta de lei que fosse escrita de forma a representar de maneira mais fidedigna a vontade dos cidadãos.

A ideia de Hidalgo é, na verdade, além de provocadora, bastante assustadora, pois desconsidera que a democracia não é o regime das leis que agradam às maiorias, tampouco aquele em que o processo político é estanque e atende a preferências já estabelecidas: ela se baseia em um processo constante de representação e no qual qualquer ideia pode se tornar majoritária por meio do convencimento pacífico dos cidadãos. Esse convencimento se dá por uma articulação constante entre as preferências iniciais dos cidadãos, a capacidade de mobilização desses cidadãos, o uso de argumentos que deverão levar em conta as necessidades das pessoas e os elementos técnicos que garantam ou aumentem a probabilidade de implementação daquela ideia.

Se determinado setor da sociedade defende uma lei para a criação de um programa de transferência de renda, por exemplo, esse grupo deve anunciar claramente os objetivos da lei, mostrar os mecanismos pelos quais ela será implementada e buscar convencer outros setores acerca dos impactos positivos e negativos da proposta. Também é importante compreender se os supostos beneficiários daquela lei estão sendo ouvidos, ou seja: se a necessidade é real ou é imposta ao grupo que se deseja beneficiar, entre muitos outros aspectos e nuances que também deverão ser ponderados.

A trança sutil de todos esses fatores se dá na política. São os políticos eleitos, os burocratas, as organizações da sociedade civil e a imprensa livre que vão interagir e construir as políticas públicas em uma democracia. A vontade popular não é nem deve ser uma agregação de preferências. E, mesmo se fosse, essas preferências não estão dadas a priori. A vontade popular resulta de múltiplas interações, as quais, longe de terminar na edição de uma lei, são contínuas. A lei seguirá sofrendo críticas e pressões e poderá ser reformada, já que o princípio da falibilidade é justamente o que torna a democracia melhor do que regimes autoritários. O rei absoluto é infalível, não pode ser corrigido. A democracia é imperfeita e necessita ser corrigida o tempo todo. Ela aprende com seus erros e se aprimora no debate.

A democracia não é a expressão da preferência da maioria. Tampouco é expressa pela agregação de preferências operacionalizadas por robôs, e nem mesmo pelo voto. As maiorias sem controle podem ser extremamente perigosas. Alexis de Tocqueville manifestou, em meados do século XIX, seu encantamento com a democracia norte-americana justo por sua capacidade de controlar as maiorias. A observação do pensador francês tem que ser vista dentro do contexto. A jovem república dos Estados Unidos havia sido o grande e bem-sucedido experimento de expansão do voto (ainda não universal, pois não era facultado a negros ou mulheres), e ele nota que seu sucesso vem precisamente de sua capacidade, criada por um sofisticado sistema de freios e contrapesos (e a grande novidade institucional da democracia americana nesse sentido foi a possibilidade de o Judiciário rever decisões do Legislativo), de barrar uma tirania da maioria. Esse sistema também impunha a obediência à Constituição a todos os poderes, aos quais conferia o poder de controle mútuo da observância desse princípio.

Ou seja, já no século XIX estava claro que uma democracia depende não apenas da expressão das preferências da maioria, mas de um sistema que garanta que essas preferências não oprimam as minorias.

Ao longo do século XX, reforça-se a ideia de que a relação entre os poderes não é apenas de controle, mas de diálogos que possibilitam que os debates sobre políticas públicas sejam feitos publicamente de maneira a considerar as distintas visões existentes e avançar em direções que resultam desse debate. A relação de harmonia e tensão entre os poderes não tem mais apenas a função de barrar abusos, mas obriga cada ato de poder a se justificar publicamente, a ser um ato de convencimento. As eleições abastecem esse sistema com o voto, e os setores que perdem a capacidade de convencer o público são punidos nas eleições. Essa relação entre poderes e entre maiorias e minorias será sempre tensa. E essa é uma das belezas do jogo democrático. Ele se dá em um fino equilíbrio entre três elementos: a) o respeito à vontade popular; b) o respeito às minorias; c) uma abertura para que essas minorias possam se tornar maiorias por meio do convencimento pacífico.

O primeiro elemento é representado sobretudo pelo voto; o segundo, pela capacidade das instituições de efetivar os direitos garantidos nas constituições contra o próprio Estado; o terceiro, enfim, vem da capacidade legítima de decisões políticas resultarem de decisões racionalmente justificadas e legítimas. Max Weber foi quem conceituou isso de maneira mais potente, com a ideia de que a modernidade — e a democracia — traz consigo uma forma de legitimidade chamada "legal-racional", ou seja, baseada na capacidade do Estado de justificar racionalmente suas decisões.

Mais do que isso, o sociólogo alemão, além de ser o grande pensador da legitimidade do Estado legal-racional e de uma burocracia organizada, talvez tenha construído um dos argumentos mais notáveis a respeito da importância da política.

MERITOCRACIA: A PIADA QUE PERDEU A GRAÇA

Em 1919, a Alemanha estava solapada pelas consequências sociais e econômicas da perda da guerra. Em janeiro daquele ano, Max Weber fez a uma plateia de estudantes universitários uma conferência que se transformaria numa das grandes obras sobre o funcionamento da política, *A política como vocação*. O sociólogo queria expor sua concepção de Estado democrático e republicano, cuja legitimidade deve se ancorar na necessidade de justificar racionalmente suas ações. Foi então que ele apresentou uma das conceituações mais emblemáticas para explicar nossas sociedades: o Estado detém o monopólio legítimo do uso da violência. Ou seja, cabe ao Estado, e só ao Estado, de forma legítima, decidir como e quando a violência (definida como formas variadas de coerção e não apenas a violência física) deve ser aplicada contra os cidadãos.

Esse Estado detentor do monopólio legítimo do uso da violência deve ser construído, e essa construção depende de dois tipos de atores centrais. Políticos que assumissem a liderança na construção do Estado seriam os primeiros. Não achem que a política é fácil, Weber disse. Um novo Estado deveria ser reconstruído, e ele precisaria de políticos com vocação, que tivessem convicção e responsabilidade, fosse qual fosse seu papel no tabuleiro político. Tais pessoas deveriam ser eleitas pelo povo, que por sua vez teria a incumbência de responsabilizar esses políticos por suas decisões. Afinal, a democracia é o método pelo qual elegemos alguém para tomar decisões por nós, e se esse alguém não o faz, nós o trocamos por outro nas próximas eleições.

Mas naquela palestra Weber também diria que não cabe apenas aos políticos a manutenção e o funcionamento do Estado. Ela depende de servidores — os ditos burocratas — que sejam fiéis às regras e às leis e que garantam o funcionamento da máquina estatal. E embora esse conceito tenha adquirido um significado muito negativo no senso comum ao longo das décadas, sua origem remonta a um componente central do funcionamento dos Estados modernos e democráticos. Afinal, são os burocratas que garantem o funcionamento racional, legal e contínuo da administração pública. E, como diria o sociólogo britânico Paul Du Gay em 2020, inspirado por Weber, ao testemunhar a ascensão do populismo em diversos países do mundo, a burocracia é uma pedra fundamental para a garantia da democracia e dos direitos. Naquela ocasião, Weber também apontou que políticos e burocratas têm responsabilidades, éticas e racionalidades diferentes. Políticos precisam ser responsáveis, devem seguir suas paixões e estar conectados com o povo. Políticos participam da política e sabem operar a máquina política, tomam decisões com a cabeça e o coração, com a razão e a paixão, com a responsabilidade — avaliando consequências — e a convicção — acreditando no que é certo. Mas burocratas não podem seguir suas paixões, afinal, não são escolhidos para isso. Burocratas devem ser fiéis às leis, precisam responder às decisões políticas (desde que embasadas nas leis) e seguir a racionalidade legal. É essa lealdade às leis que lhes permite garantir a democracia e os direitos, tratando todos os cidadãos de forma isonômica.

Analisando a Alemanha depois da Primeira Guerra, Weber acreditava que seria possível reconstruir um país melhor, um Estado melhor com políticos melhores, conectados com a sociedade e com uma burocracia que resguardaria a lei, mas também seria limitada por ela. Weber não viveu para ver a transformação da Alemanha. Ele morreu vítima da gripe espanhola em 1920, antes da ascensão do nazismo. Mas seus escritos seriam fundamentais para a reconstrução dos países democráticos no período posterior à Segunda Guerra. E a relação entre políticos e burocratas permeou parte importante do debate da ciência política desde então.

Anos depois, após testemunhar a ascensão e a queda do nazismo, a Segunda Guerra Mundial e a ascensão da União Soviética, George Orwell apresentaria preocupações bastante similares às de Weber. Uma de suas grandes inspirações para escrever, em 1948, o seu clássico *1984*, foi *The Managerial Revolution* [A revolução gerencial], do norte-americano James Burnham, lançado sete anos antes. Nesse livro, que provocou críticas furiosas de Orwell, Burnham propõe que a superação do capitalismo não viria pelo modelo estritamente socialista, mas por uma revolução gerencial: o controle dos meios de produção, e não sua propriedade, passa a ter mais valor no século XX. A distinção entre gestores e proprietários de empresas no setor privado se reflete em uma profissionalização das burocracias no setor público. Não são mais os políticos, as ideologias ou os interesses particulares que devem definir o rumo dos Estados, mas o planejamento rigoroso e centralizado nas mãos dos burocratas. Em 1941, para Burnham, o maior exemplo (reavaliado poucos anos depois) desse modelo era justamente a Alemanha. A Alemanha "gerencial" seria muito mais eficiente do que as democracias capitalistas francesas e inglesas. Como podemos ver, a crença cega no gerencialismo ou na tecnocracia costuma encobrir relações de poder ao tratar como únicas soluções possíveis escolhas que são políticas e que muitas vezes não passam da manutenção de determinados grupos no poder.

Em 1958, o sociólogo britânico Michael Young publicou *The Rise of the Meritocracy* [A ascensão da meritocracia], que não era um tratado sociológico ou econômico, mas uma fantasia futurista situada em 2034, mesclada de sátira social e crítica política. O narrador descreve a evolução da sociedade britânica nas décadas anteriores, depois que o país adotou a "meritocracia" como solução para os problemas políticos e da vida social. Desde então, uma fórmula mágica passou a reger a sociedade: QI + esforço = mérito. Testes de inteligência são aplicados logo na infância; uma vez conhecidas as aptidões de cada pessoa, na hora certa basta encaminhá-la para o curso e a profissão apropriados.

Com isso, "pela primeira vez o mundo contempla o espetáculo da brilhante classe dos 5% que sabem o que significa 5%", diz o narrador, que se vangloria de viver em uma sociedade na qual a desigualdade finalmente deixou de ser sinônimo de injustiça. Antes, pessoas menos competentes e inteligentes tinham acesso aos melhores empregos apenas por serem da classe mais favorecida. No futuro distópico do livro, a desigualdade é resultado do mérito. A classe baixa não é constituída de gente pobre que não pode evoluir por falta de oportunidades, mas de cidadãos intelectualmente inferiores. A sociedade imagina ter alcançado a estabilidade, uma vez que encontrou um motivo aceito por todos para explicar e manter a desigualdade. Restava, porém, um grande problema: o Parlamento. Os políticos ainda eram escolhidos por meio de eleições livres — em vez de serem selecionados pelo novo sistema do mérito. Como pessoas de classes intelectualmente inferiores acabavam se tornando parlamentares, a solução encontrada foi selecionar também os políticos conforme a aptidão e o mérito.

Tudo transcorria muito bem, até que as mulheres começaram a se rebelar. Apesar de terem acesso à mesma educação que os homens e a empregos adequados a cada uma, elas eram obrigadas a ficar em casa cuidando dos filhos recém-nascidos. Não se admitia que uma criança fosse privada do amor materno, e muito menos cuidada por pessoas de classes inferiores, ou seja, menos inteligentes — na concepção do romance. Então as mulheres passaram a reivindicar igualdade nas divisões de tarefas domésticas. O livro termina com uma nota de rodapé que explica que o "autor" foi morto na revolta de certo Movimento Populista, que parágrafos antes havia sido qualificado como uma agremiação de uma minoria desprovida de inteligência.

Como se vê, o livro publicado em 1958 pensava a meritocracia de um ponto de vista bem diverso da visão hoje disseminada. Progressivamente, foram se esvaziando a dimensão crítica e o aspecto satírico pretendidos por Michael Young, ligado ao Partido Trabalhista e uma das principais figuras da social-democracia europeia. Os próprios trabalhistas deturparam o conceito, como ocorreu em 2001, quando o primeiro-ministro Tony Blair chegou a atribuir à meritocracia o poder de redimir o Estado inglês. Em resposta, Young, então com 85 anos (ele morreria no ano seguinte), publicou o artigo "Down with Meritocracy" [Abaixo a meritocracia] no jornal *The Guardian*, explicando que seu livro era "uma sátira destinada a ser uma advertência" e dizendo: "Ajudaria se o sr. Blair retirasse a palavra do seu vocabulário público, ou pelo menos admitisse seu aspecto negativo".[1]

Mas o alerta foi em vão. O termo "meritocracia", além de se referir a um sistema de recompensa social, passou a ser empregado para designar um novo sistema político no qual o povo seria governado pelos "melhores". Mas como definir quais são os melhores? E são melhores para quem? É justo esse o aspecto que apresenta mais riscos à democracia: fazer da meritocracia um fundamento político, quando é meramente técnico. Mesmo quando se buscam rigor e eficiência na gestão, não se pode substituir a política pela técnica, como se esta fosse politicamente neutra.

A cientista política Sheri Berman, em *The Primacy of Politics: Social Democracy and the Making of Europe's Twentieth Century* [O primado da política: a social-democracia e a criação do século XX europeu], sublinha esta importante questão: "Na primeira metade do século XX, a Europa era a região mais turbulenta do planeta, convulsionada pela guerra, com crise econômica e conflitos sociais e políticos. Na segunda metade do século, estava entre as mais tranquilas, exemplo de harmonia e prosperidade. O que mudou?".

A resposta tem relação com o triunfo da social-democracia em parte da Europa, resultado de longo processo político — e não de um conjunto de decisões de gestores técnicos. Berman mostra que o movimento social-democrata não foi forjado por especialistas aboletados em seus gabinetes, mas por políticos, em discussões que atravessaram décadas. O cientista político americano Peter Gourevitch[2] chegou à mesma conclusão, enfatizando que qualquer política econômica resulta da interação de vários atores sociais e se dá muitas vezes de maneira conflituosa, após barganhas e alianças. O exemplo da social-democracia é fundamental para compreender o primado da política. Pois foi graças a ela — e não à lógica tecnocrática da meritocracia — que se construiu o experimento sociopolítico mais bem-sucedido de que se tem notícia do ponto de vista da conciliação democrática, distribuição de renda e prosperidade.

Por outro lado, acreditar no primado da política não implica desacreditar o arcabouço burocrático que sustenta a construção do Estado nem a importância da racionalidade técnica para embasar decisões. A técnica sozinha, entretanto, não garante as melhores decisões. Exemplo disso é o modo como a imigração vem sendo tratada pela União Europeia (UE), que toma decisões quase sempre construídas por um corpo técnico que tanto entusiasma os defensores da meritocracia como desagrada os que percebem faltar democracia às decisões do bloco. Não faltariam argumentos técnicos para defender a imigração — há vários estudos mostrando seus benefícios para a realidade europeia. Mas obviamente não tem sido fácil encontrar e sustentar uma solução técnica para lidar com a questão. E isso ocorre porque o problema só poderá ser enfrentado por meio de amplas negociações políticas e, mais do que isso, gestos políticos inclusivos, selando pactos entre as classes trabalhadoras europeias e os imigrantes.

O discurso da meritocracia, que tem sido adotado para legitimar a desigualdade em várias partes do mundo, também tem adentrado o mundo da política e da relação dos indivíduos com o Estado. Em *A tirania do mérito*, de 2020, o filósofo americano Michael Sandel argumenta que, ao atribuir aos indivíduos a responsabilidade de ter sucesso na vida — como se fosse apenas uma questão de esforço individual —, a meritocracia esvazia a responsabilidade da política e das políticas públicas. Mas o sentimento de revolta pela incapacidade de ascensão social que essa lógica traz acaba enfraquecendo a coesão social, o senso de pertencimento e a crença no Estado, elementos que abrem espaço para projetos populistas, como o que vimos recentemente com Donald Trump, nos Estados Unidos, um dos berços do discurso meritocrático.

2. Velhos e novos padrões da relação entre Estado e sociedade no Brasil

No Brasil, a ideia de meritocracia é indissociável da estrutura do Estado e da democracia. Assim como ocorreu nos Estados Unidos e na Europa, a meritocracia também gerou entre nós uma justificativa para excluir grupos sociais da preocupação do Estado. Aqui, porém, ela afetou de forma ainda mais profunda as justificativas para a violência de nossa desigualdade. Perfeitamente encaixada em uma estrutura de sociedade altamente desigual e que carrega essas desigualdades para dentro do Estado, ela ajuda a legitimar uma nova forma de exclusão mesmo diante de um contrato social que prevê igualdade e inclusão universais, como é a Constituição de 1988. Mas não é de hoje essa apropriação de ideias estrangeiras que passam a desculpar a manutenção de uma estrutura social desigual.

O crítico Roberto Schwarz, em "As ideias fora do lugar", ensaio que abre *Ao vencedor as batatas*, desenvolve argumentos para compreender tensões da sociedade do Brasil no século XIX, muito úteis para entender os malabarismos que nossas elites fazem para justificar o injustificável e seduzir partes da população para esses argumentos.

Há dois pontos que de fato se mostram muito atuais: primeiro, a capacidade dessas elites de buscar, sobretudo fora do país (na Europa e nos Estados Unidos), pretextos éticos para o horror imposto às camadas mais pobres da população; segundo, a aliança perversa dessas elites com as camadas médias, para reforçar a exclusão dos mais pobres.

Para Schwarz, o Brasil é um país que sabe combinar o velho com o novo, dando ao velho novas roupagens, misturando manifestações mais obsoletas às mais avançadas. Em suas *Cartas a favor da escravidão*, por exemplo, contemporâneas do recorte temporal analisado por Schwarz, José de Alencar claramente demonstra apreço à ideia de Estado moderno e aos valores de liberdade importados da Europa. Ele não nega esses valores para defender a escravidão; ao contrário, ele os utiliza para justificá-la.

> É, pois, um sentimento injusto e pouco generoso o gratuito rancor às instituições que deixaram de existir ou estão expirantes. Toda a lei é justa, útil, moral, quando realiza um melhoramento na sociedade e apresenta uma nova situação, embora imperfeita, da humanidade. Neste caso está a escravidão. É uma forma, rude embora, do direito; uma fase do progresso; um instrumento da civilização, como foi a conquista, o mancípio, a gleba. Na qualidade de instituição, me parece tão respeitável como a colonização; porém, muito superior quanto ao serviço que prestou ao desenvolvimento social.

Suas críticas às propostas abolicionistas, aliás, parecem quase um espelho de várias ressalvas apontadas pela atual lógica meritocrática a respeito dos processos de expansão de direitos. Alencar afirma:

> No Brasil não se levantou ainda, que eu saiba, qualquer estatística acerca deste objeto. Pretende-se legislar sobre o desconhecido,

absurdo semelhante ao de construir no ar, sem base nem apoio. Alguns fatos, porém, muito salientes, que por si mesmos se manifestam independentes de investigação, podem fornecer dados para um paralelo, embora imperfeito.

O escritor se utiliza do repertório modernizante, técnico ("não se levantou ainda, que eu saiba, qualquer estatística"), simplesmente para manter o que há de mais arcaico; ele consegue parecer inovador e diferente ao fazer apenas mudanças superficiais na estrutura social. Ou, como diria o príncipe de Falconeri, no romance de Lampedusa, *O leopardo*, "se quisermos que tudo continue como está, é preciso que tudo mude". Busca-se uma nova roupagem para velhas práticas que permitam a coexistência de vários padrões. Para voltar a Florestan Fernandes, no Brasil, o burguês moderno nasceu das cinzas do senhor antigo.

A ideia da meritocracia exerce esse mesmo papel no século XXI. Ela dá um verniz moderno, importado dos Estados Unidos e da Europa, à manutenção das desigualdades e da violência. E garante às camadas médias a esperança de ascensão e a exclusão da violência brutal do Estado, reservada aos que não cabem nos caminhos traçados pelas gestões meritocráticas.

Nessa lógica, constroem-se justificativas que geram a aceitação de políticas que reforçam a violência contra negros, contra os mais pobres, contra indígenas, e que aprofundam as desigualdades, porque isso não é feito em nome do racismo, do machismo ou da ganância, mas em nome da meritocracia e de ideias que amenizam e fundamentam a brutalidade de escolhas políticas.

Em suma, a desigualdade abissal de classe, gênero e raça no Brasil não poderia ter justificativa ética universalizante para uma elite que se enxerga ocidental (europeia e norte-americana). Mas o empréstimo de categorias utilizadas naqueles contextos permite a construção dessas justificativas para sustentar esse projeto de sociedade excludente e desigual.

O segundo ponto trazido por Roberto Schwarz é a capacidade das elites de criar uma aliança perversa com as camadas médias, com a finalidade de excluir os mais pobres dos benefícios do Estado. O crítico ressalta que a relação entre os ricos e as camadas médias era mediada não por uma lógica republicana de direitos, mas pelo favor. O favor criava um pacto que "assegurava às duas partes, em especial à mais fraca, de que nenhuma é escrava".[1]

Mais uma vez, a lógica da meritocracia se encaixa à perfeição no intuito de repetir essa aliança. É o esforço individual, o mérito, que diferencia simbolicamente a classe média das classes mais pobres que sofrerão as violências mais brutais e terão negado o acesso a direitos mais básicos. Com esse peso simbólico da distinção que a meritocracia traz, consegue-se o apoio das classes médias, mesmo que um Estado de bem-estar social, construído por barganhas políticas mais amplas, possa trazer benefícios materiais maiores para essas classes médias.

E esse projeto de sociedade meritocrática e excludente exige um projeto político equivalente. Um projeto que possa se utilizar de justificativas racionais e de ares ético-universalizantes para a preservação da desigualdade e das estruturas de poder servis ao interesse privado, além dos arranjos e alianças entre os diversos setores sociais para se diferenciar dos mais pobres. A tecnocracia, que é a expressão da meritocracia para a política, serve como uma luva a esse fim.

Esse discurso promove muitas garantias ao status quo. De um lado, ele garante a continuidade do uso da máquina estatal para fins privados e do clientelismo tão arraigado na base do Estado brasileiro — esses técnicos, afinal, provavelmente serão homens brancos, de classe alta, que terão uma justificativa pública e racional para a própria manutenção da desigualdade. Essa dinâmica também encontra respaldo na construção do Estado brasileiro, forjado num sincretismo de forças à primeira vista incompatíveis. O argumento de Edson Nunes em *A gramática política do Brasil* ajuda a compreender o fenômeno.

Ao analisar o funcionamento do país entre 1930-60, Nunes propõe a existência de quatro gramáticas políticas que estruturariam a relação entre Estado e sociedade: clientelismo, corporativismo, insulamento burocrático e universalismo de procedimentos. O conceito de gramáticas políticas diz respeito à linguagem ou aos padrões que estruturam as relações entre a sociedade e as instituições políticas no país. Para facilitar a compreensão, utilizaremos aqui o termo "padrão de relações" como substituto de "gramática". Ou seja, estamos falando de padrões distintos de relação entre o Estado e a sociedade.

A primeira gramática, ou padrão, é o *clientelismo*. Herança do patrimonialismo e parte da tradição secular brasileira, ele é uma prática de interação das oligarquias com o povo, baseada em trocas pessoais e em favores entre oligarcas e indivíduos da sociedade — sobre os quais essa oligarquia pretende manter controle político. Seria uma forma de assegurar governabilidade, já que a troca de favores gera sustentação no poder. Mas, ao mesmo tempo, o clientelismo representaria um risco para a implantação dos direitos no país, já que a ideia de favores individuais inviabiliza a garantia de direitos universais.

Os outros três padrões, ou gramáticas, descritos pelo sociólogo teriam emergido no governo Vargas na década de 1930, mas o clientelismo seguiria forte. O *corporativismo* — a relação entre a política e as corporações visando à continuidade de poder — constituiria o segundo padrão. É uma arma de controle político que permite absorver conflitos de forma antecipada. À época de Vargas, por exemplo, uma das grandes ameaças à estabilidade política eram as corporações profissionais que representavam grupos de trabalhadores com força coletiva. Para amenizar potenciais conflitos e contestações, o governo negociava diretamente com as corporações, asseverando a elas acesso a direitos e benefícios que não se estendiam ao restante da população. Foi assim, por exemplo, que parte dos direitos trabalhistas foi conquistada ao longo dos anos — mesmo que assegurados apenas a uma parcela específica da população. Assim como o clientelismo, o corporativismo permite esvaziar o conflito, atuando a partir da lógica de trocas não com indivíduos, mas com grupos e coletivos profissionais.

O terceiro padrão é o *insulamento burocrático*, uma estratégia das elites de driblar a arena controlada pelos partidos, apartando determinadas áreas do governo que interessam a essas elites. Assim, a partir da suposta primazia da competência técnica (e de sua proteção de influências vindas da arena política), as elites garantiriam um espaço dentro do Estado para satisfazer seus interesses. Esse fenômeno de insulamento de setores da burocracia foi crucial para explicar o processo de industrialização no país, como no governo JK, e, posteriormente, durante o regime militar no país. E, se o insulamento parece ser central para o avanço do capitalismo, ele gera um problema grande para a democracia, uma vez que as organizações apartadas não estão sujeitas ao controle social e podem acabar atendendo a interesses de grupos econômicos específicos ou mesmo dos próprios servidores públicos que atuam nessas organizações.

Por fim, o último padrão é o *universalismo de procedimentos*, que se baseia na ideia de direitos iguais, impessoalidade e isonomia na relação entre Estado e sociedade, sistemas de pesos e contrapesos e responsabilização. Esse padrão se constituiu na era Vargas com o Departamento Administrativo do Serviço Público (Dasp), que tinha como objetivo racionalizar e promover maior eficiência na administração pública. Não era, portanto, uma proposta para garantir direitos sociais universais — elemento que só entraria na pauta em 1988. Assim, embora tal padrão tenha nascido com Vargas, ele terá mais adiante uma relação direta com a Constituição Federal de 1988, o retorno da democracia e a constituição do Estado Democrático de Direito no Brasil.

Nunes mostra como esses diversos padrões surgem, se transformam e vão se consolidando qual camadas arqueológicas que, em vez de se sobrepor, convivem, se articulam e se sincretizam. Ele argumenta que o desenvolvimento do Estado brasileiro no século XX se deu numa reconstituição dos padrões, e, mesmo diante de diversas reformas, nenhuma gestão foi capaz de extinguir os padrões anteriores para a construção dos novos. Na realidade, cada governo fez um uso combinado das diferentes gramáticas para garantir a governabilidade, de tal modo que cada uma delas teve maior ou menor prevalência em certos momentos da história; o Estado, porém, seria marcado pela convivência e pelo inter-relacionamento entre clientelismo, corporativismo, insulamento e universalismo de procedimentos no funcionamento das relações entre Estado e sociedade.

Ao analisar as contribuições do livro de Edson Nunes para compreender o Estado pós-1988, Luiz Carlos Bresser-Pereira argumenta[2] que a Constituição de 1988 teria conferido mais espaço ao universalismo de procedimentos, restringindo os demais padrões. O insulamento estaria em xeque sob a égide da democracia; o corporativismo se transformaria em "mera estratégia de defesa de determinados grupos sociais",[3] o clientelismo ficaria cada vez mais fraco com o fortalecimento da democracia e dos direitos universais. Assim, já no prefácio de seu livro o autor se questiona se faria sentido pensar nesses padrões à luz do Estado Democrático pós-Constituição de 1988.

Para nós, eles ainda fazem sentido. A Constituição Federal de 1988, bem como outras mudanças prévias, embora tenham trazido novas dinâmicas para o Estado, não foram capazes de apagar os traços de sua formação. Assim, os padrões identificados por Nunes continuam operando, embora com outras dinâmicas e nova roupagem. O universalismo de procedimentos, que deveria ser preponderante, não conseguiu se desfazer dos padrões anteriores, ainda que sua prevalência tenha aumentado. Corporativismo, clientelismo e insulamento burocrático se reconfiguraram e continuam convivendo com novas dinâmicas dentro do Estado.

Mas não teria a Constituição de 1988 criado nada novo, considerando suas concepções de Estado Democrático de Direito? Por um lado, ela aumentou a importância do universalismo de procedimentos ao mesclar princípios como isonomia, legalidade e moralidade à ideia de direitos sociais universais. Ao mesmo tempo, criou um padrão, que passaremos a denominar "padrão da participação", proposto a partir da construção de instituições republicanas e participativas que alteraram os processos decisórios em diversas áreas governamentais e fortalecido ao longo dos anos com a defesa de princípios republicanos por parte da burocracia. Assim, o Estado brasileiro pós-Constituição passa a existir sob a convivência e o tensionamento entre os quatro padrões já existentes e um novo. A clientelismo, corporativismo e insulamento burocrático se somam o universalismo de procedimentos fortalecido e o novo padrão da participação. É evidente, portanto, que as inter-relações entre os diferentes padrões também se alteraram.

PARTICIPAÇÃO: O POVO ENTRA NO JOGO POLÍTICO BRASILEIRO

O universalismo de procedimentos se transformou, na Carta, no padrão oficial do Estado. Sob o manto de princípios constitucionais como legalidade, impessoalidade e isonomia — característicos do universalismo —, corporativismo e clientelismo tiveram que se reorganizar. Da mesma maneira, sob a democracia e com as diversas instituições criadas para pô-la em prática, o insulamento burocrático precisou se reinventar. Quais seriam as novas dinâmicas? Como os padrões teriam se reacomodado nesse novo modelo?

Há diversos fatores que explicam essa reacomodação. O primeiro, fundamental para o fortalecimento do universalismo de procedimentos, é a institucionalização de mecanismos republicanos compostos de diversas cláusulas, a começar pelos elementos propostos pelo artigo 37: "A administração pública direta e indireta de qualquer dos Poderes da União, dos Estados, do Distrito Federal e dos Municípios obedecerá aos princípios de legalidade, impessoalidade, moralidade, publicidade e eficiência". Além de estabelecer princípios constitucionais que permitiriam avançar na construção de um Estado republicano e com universalismo de procedimentos, esse artigo ainda propõe medidas como a realização de concursos públicos regidos pelos princípios constitucionais. A independência e a autonomia do Ministério Público (MP) também são parte desse fortalecimento do Estado republicano, assim como a construção de um sistema de controle da administração, composto dos tribunais de contas e pelas controladorias gerais e que tem como função controlar e responsabilizar as decisões do Estado.

Um segundo fator foi reconhecer que o processo de redemocratização não deveria acontecer por meio apenas da democracia representativa e do voto, mas deveria ser também operado por meio da participação direta de cidadãos.

Há uma história curiosa a respeito da mudança de visão de democracia que a Constituição de 1988 traz. No começo de 1988, a Assembleia Constituinte estava atrasada em seus trabalhos e iria começar a votar o texto final. Na discussão do preâmbulo já parecia haver um impasse intransponível: a esquerda não admitia a inclusão de uma referência a Deus, a direita se recusava a seguir adiante sem deixar evidente que o Estado trabalhava sob as bênçãos divinas. Ulysses Guimarães, presidente da Assembleia, estava impaciente. Tinham menos de um ano para finalizar o texto e não conseguiam fechar nem o preâmbulo. Pediu ao líder, Mário Covas, para conduzir um acordo, e após algumas horas o senador voltou: a esquerda havia aceitado que no preâmbulo se dissesse que a Constituição estava sendo promulgada sob a proteção de Deus, e a direita cedera em outro ponto, justamente a alteração que marcava uma nova visão de democracia no Estado.

Todos os textos constitucionais desde 1934 haviam incluído a fórmula: "Todo poder emana do povo e em seu nome é exercido". A fórmula é bonita, e não sofreu praticamente nenhuma alteração mesmo durante os períodos ditatoriais pelos quais o Brasil passou: ditadores podem exercer o poder "em nome do povo". O acordo que aceitou incluir Deus no preâmbulo alterou tal fórmula, e hoje a Constituição reza: "Todo poder emana do povo, que o exerce por meio de representantes eleitos ou diretamente". Há duas mudanças importantes aqui: 1) é o povo que exerce o poder, ele não é exercido em seu nome; 2) ele deve ser exercido diretamente, não apenas por meio de seus representantes.

Essa fórmula garantiu a inclusão da participação como um novo padrão de relação entre Estado e sociedade, alterando o equilíbrio entre clientelismo, corporativismo, insulamento burocrático e universalismo de procedimentos. Não apenas a fórmula, claro, a própria Constituição propõe diversos mecanismos, como conferências, conselhos, orçamento e planejamento participativos, audiências públicas, ouvidorias, entre outros. A aposta, naquele momento, era que o envolvimento direto dos cidadãos nos processos decisórios fortaleceria a democracia ao oferecer espaços para que esses cidadãos influenciassem diretamente nos processos decisórios — tanto aqueles mais amplos e voltados à formulação das políticas como os mais cotidianos, voltados à gestão de serviços públicos. Nas décadas de 1990 e 2000, o país testemunhou um crescimento exponencial das instituições participativas. Em 2012, Roberto Pires e Alexandre Vaz mostraram que havia mais de 30 mil conselhos participativos operando em diversas políticas e em todos os entes federativos. Nesse período foram também realizadas centenas de conferências e audiências públicas, além de terem sido criados milhares de ouvidorias em serviços públicos.

O crescimento das instituições participativas não ficou imune a críticas. Por um lado, parte da sociedade argumenta que, com o tempo, as instituições perderam sua efetividade, sendo muitas vezes capturadas por interesses de grupos sociais ou corporações. Por outro, a participação direta enfraqueceria nosso modelo de democracia representativa — crítica esta muito bem rebatida por Thamy Pogrebinschi e Fabiano Santos, que mostram que as conferências, na realidade, ajudaram a fortalecer e pautar o Legislativo ao lhe dar insumos para os processos decisórios. Assim, a criação dessas instituições participativas combinada aos mecanismos clássicos da representação acabou por resgatar a multidimensionalidade da democracia.

Se, por si só, a criação dessas instituições já muda o modus operandi do Estado ao estabelecer espaços de concertação, isso ficou ainda mais forte com um fenômeno que aconteceu dentro da burocracia: o fortalecimento de carreiras que valorizam as instituições participativas e que, portanto, passaram a incorporar a participação como modus operandi do processo decisório burocrático. Esse é o terceiro fator que ajuda a explicar a reacomodação dos padrões. Analisando uma dessas carreiras, a de analista técnico em políticas sociais, Roberto Pires e Rebecca Abers mostram como a grande maioria dos servidores recém-concursados acreditava e valorizava a participação social como elemento determinante para melhoria dos processos decisórios. Abers e vários outros também têm demonstrado como parte da burocracia atua no governo com uma lógica de ativismo institucional, trazendo agendas contenciosas, construindo conexões diretas com movimentos e organizações e, assim, incorporando à sua ação na burocracia elementos vinculados à lógica participativa. Além da construção de instituições republicanas e da proposição de instituições participativas, esse processo também fortaleceu uma burocracia que defende práticas como essas e que darão origem, como já foi dito, a um novo padrão: o padrão da participação.

O padrão da participação confere à política seu caráter mais profundamente democrático. É evidente que corporativismo, clientelismo, insulamento burocrático e universalismo de procedimentos têm seu caráter político. São formas como o Estado e a sociedade se relacionam e, portanto, são essencialmente padrões políticos. Mas a tensão entre eles é entre o público e o privado, entre a república e a apropriação privada do Estado. Nenhum desses padrões privilegia o protagonismo do povo como agente de transformação. Esta é a grande novidade da Constituição de 1988: a inclusão da participação popular como um verdadeiro novo padrão de relacionamento do Estado com a sociedade confere à democracia um peso tão grande quanto o da república no equilíbrio político brasileiro. Se a tensão existente e identificada por Edson Nunes era entre padrões mais republicanos (universalismo de procedimentos e insulamento burocrático) e mais privatistas (corporativismo e clientelismo), o padrão da participação, trazido pela Constituição, aumenta a complexidade dessas interações ao levar a democracia para o centro do debate sobre a política.

3. As reformas do Estado de FHC e Lula

Mas há ainda um elemento fundamental para explicar a reacomodação dos padrões, e que, por sua envergadura, merece tratamento especial. Trata-se das duas grandes reformas gerenciais que buscaram alterar a administração pública brasileira nos últimos 25 anos. A primeira é a dos anos FHC (1995-2002), bastante discutida por quem estuda gestão pública no Brasil. A segunda, durante o governo Lula, é bem menos debatida e, em geral, não se nomeia como tal.

A primeira reforma de Estado, iniciada a partir dos anos 1990, durante o primeiro mandato de FHC, foi formulada pelo Ministério da Administração e Reforma do Estado, na época sob o comando do economista Luiz Carlos Bresser-Pereira. Curioso pensar que, na mesma época em que propunha a reforma gerencial, Bresser escreveu o prefácio do livro de Edson Nunes, se perguntando se as gramáticas ainda fariam sentido. Clara e ousada, a proposta de Bresser para a reforma gerencial dividia as atividades estatais em quatro grandes tipos — núcleo estratégico, atividades exclusivas, serviços não exclusivos e produção para o mercado — e propunha mudanças específicas para cada um.

As atividades do *núcleo estratégico*, composto pela cúpula dos poderes Legislativo, Judiciário e Executivo, não deveriam ter grandes alterações, embora pudessem sofrer melhorias gerenciais. Já as *atividades exclusivas*, que abrangem polícia, regulamentação, fiscalização, diplomacia e controle, entre outras, continuariam sob responsabilidade exclusiva do Estado, executadas por uma burocracia estável e competente, mas passariam por mudanças gerenciais importantes, como adoção de instrumentos de responsabilização, planejamento, monitoramento etc.

Os *serviços não exclusivos*, que incluem políticas sociais — saúde, educação e assistência —, tinham se tornado direitos universais na Constituição. Segundo a reforma, estas atividades deveriam ser "publicizadas", ou seja, passar para a responsabilidade de organizações públicas não estatais que tivessem maior flexibilidade para executá-las sob contrato e supervisão do Estado. Assim, os direitos sociais previstos na Constituição seriam universalizados e garantidos, mas não sob execução direta do Estado. Para implementar o processo de publicização, propôs-se a criação das chamadas Organizações Sociais (OSS), cuja natureza é pública, não estatal. Ou seja, elas devem atender ao interesse público, não podem gerar lucro, mas não estão sujeitas às regras do direito administrativo que regem as organizações estatais. Assim, estão preocupadas com o interesse público e social, mas não amarradas aos entraves gerenciais da administração pública.

Por fim, as atividades de *produção para o mercado*, à época a cargo de empresas estatais — energia, telecomunicações, extração de minérios etc. — seriam privatizadas, ou seja, seriam assumidas por empresas privadas cujo foco e gestão atendessem à lógica do mercado. No entanto, como parte desses serviços continuaria sendo de interesse público (como acesso à energia, por exemplo), a atuação desses mercados deveria ser regulada pelo Estado. Para tanto, foram construídas as agências reguladoras, para não só regular o mercado, como também garantir padrões de serviço e preços que não subordinassem à lógica do mercado privado todo interesse nacional e da sociedade.

Pode-se dizer, em retrospectiva, que a reforma gerencial dos anos 1990 foi parcialmente implementada. Várias empresas foram privatizadas — setor elétrico, telecomunicações, Vale do Rio Doce —, mas outras não — Petrobras, Correios. No rastro das privatizações foram criadas diversas agências reguladoras — Anvisa, Aneel, Anatel, ANS. A maior parte dos serviços sociais continua sendo provida pelo Estado. As OSS foram implementadas sobretudo em governos estaduais e municipais; no federal, elas não foram adotadas para universidades e centros de pesquisa, como era a proposta original.

No entanto, embora a implementação tenha sido parcial, não há dúvida de que as ideias da reforma foram bastante disseminadas e conseguiram deixar marcas importantes. Uma delas foi estimular e disseminar, na burocracia federal, princípios gerenciais voltados a planejamento, gestão por resultados e avaliação de políticas. Nesse período houve um fortalecimento de carreiras centrais de gestão e da Escola Nacional de Administração Pública (Enap), que foi responsável pela disseminação desses elementos gerenciais na burocracia e por uma série de programas de formação e fortalecimento dos quadros gerenciais. Pode-se concluir, portanto, que a reforma gerencial dos anos 1990 buscou avançar nas medidas propostas pela Constituição Federal de 1988 — especialmente no que dizia respeito ao aumento da transparência e do controle social, à eficiência e à universalização de serviços públicos. No entanto, sua implementação parcial não permitiu gerar uma universalização de procedimentos massiva nem enfrentar a contento os padrões de clientelismo, corporativismo e universalismo de procedimentos.

Também no governo Lula houve mudanças profundas na burocracia federal, mas que em geral não são associadas à ideia de reforma, inclusive porque, diferentemente de FHC, Lula não construiu um projeto articulado nem um ministério específico. Boa parte dos esforços ficou concentrada no Ministério do Planejamento, sem, porém, um plano articulado e coordenado. Além disso, nunca houve um esforço sistemático de teorizar esse processo por dentro do governo nem de documentá-lo como tal. Mas, considerando que houve um esforço bastante grande de mudanças no período, nós nos permitimos categorizar esses esforços como uma segunda reforma gerencial pós-Constituição.

Além de medidas mais pontuais, como mudança de estrutura organizacional e construção aposta em grandes modelos de coordenação de políticas (como a criação do Sistema Único de Assistência Social e do Programa de Aceleração do Crescimento), a principal medida "reformista" do governo Lula foi investir em um fortalecimento da burocracia federal por meio da realização de concursos públicos e da construção de novas carreiras. Se durante o governo FHC (1995-2002) foram contratados 51,6 mil servidores públicos concursados, durante o governo Lula (2003-10) esse número foi quase triplicado, chegando a 151,2 mil concursados em diversas áreas — Receita Federal, Itamaraty, Polícia Federal, gestores públicos, analistas de planejamento, de meio ambiente e de política social, entre outros. O aumento de servidores estava diretamente conectado à proposta universalizante da Constituição Federal, que precisava de uma burocracia pública para aumentar o acesso a serviços públicos. E, embora parte da sociedade afirme que o país tem um excesso de servidores, os esforços de FHC e de Lula ainda não foram suficientes para alcançar o número necessário, dados o tamanho e a complexidade do Brasil. Em 2020, por exemplo, a proporção de servidores públicos na população brasileira chegava a 5,6%, enquanto a média dos países da OCDE é de 9,6%.

Além do aumento do número de servidores concursados, o governo Lula também apostou na reestruturação de carreiras e na valorização dos rendimentos desse setor — a despesa média com eles aumentou, em termos reais, 70%. Seguindo o processo iniciado pelo governo FHC, o governo Lula empenhou-se na formação dos servidores públicos e a Enap passou a realizar cada vez mais cursos de formação para servidores de toda a Esplanada, além de instituir programas como formação de dirigentes, mestrado e doutorado para servidores na própria Enap e em outras escolas de governo federais.

Todo esse processo teve como efeito a criação de diversas ilhas de excelência na Esplanada, compostas de servidores jovens, com excelente formação, bons salários e muita iniciativa para propor mudanças — em um governo que estimulava a criatividade e a inovação. Foram muitas as consequências desses esforços e elas são visíveis até hoje, como o fortalecimento de órgãos como a Polícia Federal e a Controladoria-Geral da União (CGU) e a criação de políticas que tiveram alto impacto, como o Bolsa Família e o Água para Todos.

A primeira reforma, a de 1995, valorizou elementos e ferramentas gerenciais dentro da administração pública, forçando uma reacomodação da burocracia em torno de novas formas de tomada de decisão. A segunda reforma, durante o governo Lula, trouxe para dentro do Estado um novo corpo funcional altamente qualificado e valorizado, responsável por mudanças evidentes. No final de 2002, era quase impossível ver, em uma escola de ponta de direito, alguém que aspirasse a pertencer à Polícia Federal, cujos quadros pareciam envelhecidos e pouco motivadores, quando não corruptos. Ao final dos governos petistas, atuar na PF era uma opção valorizada por estudantes de todos os bons cursos de direito. O mesmo ocorreu com as carreiras de advogados públicos, procuradores, defensores públicos e gestores públicos da União. A partir de 2003 houve uma mudança radical no perfil médio dos servidores. A greve da PF de 2004, com direito a enterro simbólico do ministro da Justiça, Márcio Thomaz Bastos, ilustrou como os movimentos corporativos eram um dos motores dos aumentos salariais e da expansão das carreiras, com consequente aumento do número de servidores. No entanto, há motivos para acreditar que a valorização da burocracia qualificada não era apenas um gesto para agradar os colegas nem visava à reversão das mudanças da gestão anterior. Estava evidente que o modelo de desenvolvimento no qual o governo petista apostava exigia um Estado mais forte, servidores públicos qualificados e carreiras bem estruturadas. Contudo, nunca ficou muito claro o papel que essas carreiras teriam no século XXI na concepção daquele governo. Nem houve aprofundamento do debate sobre as consequências que traria o fortalecimento da burocracia, do ponto de vista tanto da gestão pública quanto da vida política.

Assim, embora esse processo tenha acarretado consequências evidentes para o fortalecimento institucional e a criação de políticas públicas, ele também gerou outras que incidiram sobre o funcionamento do Estado de forma geral. Nos casos que examinaremos, será possível detectar as tensões entre, de um lado, o fortalecimento dos padrões do universalismo de procedimentos e do insulamento burocrático e, de outro, a nova realidade do padrão da participação.

Se essas reformas conseguiram qualificar a administração pública, elas falharam em não enfrentar tradições clientelistas e corporativistas e tampouco aumentaram o controle e a participação das áreas insuladas do Estado brasileiro. Em parte, o efeito foi inverso: ao trazer para o Estado muitos servidores novos com salários altos e boa formação, fortaleceram-se traços do corporativismo. A aposta na competência desses quadros, aos quais se conferiu autonomia, fortaleceu o insulamento. A carta branca dada aos sistemas de controle — que fortaleceriam a burocracia e garantiriam autonomia funcional sem realizar um controle dos controladores — permitiu que vigorassem traços conservadores. Ou seja, ao buscar fortalecer a administração pública sem um real projeto de modernização do Estado republicano e da democracia, essas reformas geraram uma tecnocracia que acabou freando a política. A agenda de reformas implementadas pelos governos FHC e Lula desconsiderou a capacidade de parte das elites — inclusive burocráticas — de se apropriar da máquina pública para favorecer seus interesses. Resultado: reforçou-se um Estado com traços clientelistas e corporativistas, agora sob o manto do Estado Democrático de Direito. Afinal, a burocracia pública não vive desconectada da sociedade. E uma fatia dela fora claramente capturada por — ou estava alinhada a — setores empresariais com interesses definidos. A valorização extrema da técnica acabou impondo barreiras ao embate das verdadeiras disputas políticas, diminuindo a possibilidade de os desfavorecidos pelas desigualdades terem acesso ao poder. Essa lógica estritamente técnica contribuiu para a naturalização da ideia de que, uma vez que alguns são melhores do que outros, o lugar na sociedade se justifica pelo "mérito", legitimando as enormes desigualdades que nos formaram historicamente e que seguem se aprofundando.

BUROCRATAS OU POLÍTICOS?

Como vimos, as reformas recentes não reverteram os arraigados padrões de relação entre Estado e sociedade. Na realidade, ao fortalecer a burocracia pública sem um projeto de reconstrução da república e da democracia, garantiu-se um espaço para a reordenação de padrões que enfraquecem tanto as perspectivas republicanas quanto as democráticas. Esse não era o propósito inicial das reformas. Muito pelo contrário, elas propunham medidas para alinhar o Estado brasileiro aos propósitos da Constituição de 1988. No entanto, ao não lograrem implementar medidas que permitissem combater o clientelismo, o corporativismo e o insulamento, as reformas contribuíram para a reacomodação desses padrões de atraso e sua nova convivência com o universalismo de procedimentos e o novo padrão da participação.

O cargo dos casos comissionados exemplifica as contradições e tensões desse processo. Caracterizados pela nomeação política dentro do Estado, são um elemento fundamental da democracia, na medida em que os políticos eleitos legitimamente precisam garantir a efetividade de suas decisões. Para tanto, devem ter pessoas de sua confiança dentro da máquina, que possam coordenar as decisões políticas. No entanto, se a ideia genérica de cargos comissionados é central para a democracia, no Brasil a distribuição dos cargos só pode ser compreendida dentro das tensões entre os cinco padrões com as quais estamos trabalhando.

O Brasil é um país com grande número de cargos comissionados. Em 2021, eram mais de 20 mil no governo federal, fora os milhares em governos estaduais e municipais. O senso comum é que esses cargos são loteados para atender a interesses político-partidários.[1] Diversas análises centradas nos governos do PSDB e do PT, porém, revelam uma alta qualidade técnica de boa parte dos ocupantes desses postos.

Nas últimas décadas, os presidentes procuraram diminuir o uso puramente político desses cargos. Em 2006, Lula assinou um decreto impondo um percentual mínimo para que eles fossem ocupados por servidores concursados. Em 2016 esse decreto foi revisto pelo governo Temer, que criou a lei 13346, impondo também um percentual mínimo para ocupação e, portanto, diminuindo o espaço puramente político das indicações, medidas mais alinhadas ao padrão do universalismo de procedimentos. Em 2021, porém, mesmo com essas novas regulamentações, mais de 6 mil cargos comissionados eram ocupados por militares, uma corporação com grande poder no governo Bolsonaro.

Desde os anos 2000 vários ministérios tentaram pôr em prática uma regulamentação interna da ocupação desses cargos, e algumas carreiras conseguiram aprovar o ingresso exclusivo de concursados, como na Receita Federal, no Banco Central, no Itamaraty, no Tesouro Nacional e no IBGE. Se, por um lado, servidores concursados podem fortalecer a burocracia e impor um limite à política, a ocupação exclusiva por eles pode camuflar uma batalha corporativista de carreiras que querem garantir sua autonomia em relação à política. Quer se concorde ou não com essas regras, elas evidenciam as tensões entre as medidas republicanas adotadas pela Constituição e os traços corporativos e clientelistas do Estado brasileiro.

Outro ponto fundamental para entender como os padrões foram reacomodados é olhar para o efeito dos concursos públicos isonômicos que cresceram durante os governos FHC e Lula. Seguindo as novas normas da Constituição, os concursos públicos devem ser feitos com base em processos legais, impessoais, isonômicos e fundamentados na ideia de mérito — os melhores são aprovados. Se esse processo parece contribuir para a construção do universalismo de procedimentos, ele também pode esconder traços meritocráticos e excludentes, que se legitimam justamente pela ideia da isonomia e da impessoalidade. Isso porque os concursos legitimam e resguardam a ideia de que aqueles que foram aprovados têm o mérito de estar ali. Ao longo do tempo, com concursos cada vez mais concorridos, apenas "os melhores" passam nos concursos para as carreiras mais bem pagas e com mais poder — como as do Judiciário e do Ministério Público.

Assim, por trás dos concursos isonômicos, impessoais e legais, há uma reificação de certos perfis de ocupantes da burocracia estatal. Vários concursos de elite acabam levando para dentro do Estado um perfil bastante previsível: homens brancos do Sul e do Sudeste do país, cujos familiares também são concursados em carreiras de elite, como é o caso dos magistrados.

E, ao ascender a essas carreiras legitimadas por concurso e mérito, os servidores conseguem pleitear sua autonomia, seu resguardo e mais privilégios — como aumento salarial e regalias. E tudo isso se resguardando pela legitimidade do mérito e do concurso, e pelo poder que adquirem ao atuar no Estado. Afinal, quem pode questionar as decisões de um procurador do MP se ele é concursado e tem autonomia funcional? Quem pode questionar a decisão de um controlador da CGU ou do Tribunal de Contas da União (TCU) se ele detém o poder e a legitimidade de controlar os demais?

Os concursos, por sua vez, deixam de ser vistos como mero processo de seleção da burocracia encarregada de implementar as decisões dos eleitos pelo povo e tornam-se fonte de legitimidade de grupos pretensamente autônomos dentro do Estado, que podem usar de sua autonomia e posição em benefício próprio ou para implementar agendas políticas ou de interesses de parcelas da sociedade.

A agenda de reformas não levou em conta os efeitos que o fortalecimento da administração pública teria na construção de uma tecnocracia que reivindicaria maior legitimidade sobre as decisões públicas. Estudiosos da administração pública no Brasil, como Maria Rita Loureiro e Fernando Abrucio, há algum tempo vêm chamando a atenção para os laços entre o patrimonialismo e o insulamento burocrático que quer apenas aplicar suas visões técnicas sem ouvir diferentes posições da sociedade. Nessa perspectiva, o mundo político parece estar sempre relacionado a alguma forma de corrupção, o que não ocorreria com o corpo técnico, que se supõe impoluto e o principal meio de obter as soluções corretas. Mas é evidentemente autoritária essa visão de que os eleitos (produtos da democracia) estão sempre, de alguma forma, relacionados à corrupção. Assim como é ingênua a visão de que os técnicos, concursados, estariam livres de serem corrompidos. Dois dos principais operadores dos esquemas de corrupção na Petrobras, Renato Duque e Paulo Roberto Costa, eram funcionários técnicos, concursados, com experiência na área. Mesmo assim, construiu-se a visão de que apenas os políticos eram os responsáveis pela corrupção na empresa.

Esse parti pris de que a corrupção vem da política e está longe dos técnicos impermeabiliza a relação entre Estado e sociedade civil, retirando das pessoas a esperança de ver suas vidas transformadas para melhor a partir do voto. Se todas as soluções dependessem da técnica dominada exclusivamente pelos legitimados por concursos públicos, para que serviriam o voto, as eleições, a democracia?

Como apontam Maria Rita Loureiro e Fernando Abrucio:

> O grande desafio nas democracias contemporâneas está em combinar a ação eficiente do Estado na gestão de suas políticas públicas com os princípios democráticos de maior inclusão de atores políticos nas decisões, garantindo-se assim a contínua responsabilização dos que decidem. Responsabilização política estendida implica a institucionalização de práticas continuadas de controle sobre os eleitos — não só no momento eleitoral, mas também durante todo o mandato — e sobre os burocratas *policymakers* — tanto os encarregados da gestão quanto os responsáveis pelo controle interno e externo ao Executivo.[2]

Não criticamos ou questionamos o trabalho dos servidores públicos — nem a necessidade de uma remuneração adequada ou concursos isonômicos —, pelo contrário, reconhecemos que parte importante da burocracia brasileira alcançou resultados que avançaram profundamente na construção do Estado Democrático de Direito. A defesa da superioridade moral de servidores concursados, detentores de conhecimento técnico, pode esvaziar a política e destruir a democracia. Sabemos que a visão que pretende impor à técnica a missão de substituir a política não é nem nova nem politicamente neutra. Mas é um alerta importante para compreender que a consolidação da democracia brasileira passa por sua capacidade de equilibrar a técnica e a política.

DEMOCRACIA EQUILIBRISTA

Este livro está sendo escrito durante uma pandemia. Acompanhamos, em 2021, o debate realizado pela comissão parlamentar de inquérito que, no Senado Federal, expôs uma série de omissões e desmandos do governo federal que ajudam a explicar por que o Brasil foi ranqueado como o pior país no enfrentamento à pandemia.[3] Em meio à batalha de narrativas que circundaram a CPI, ficou evidente uma constante contraposição entre o discurso dos técnicos que atuam dentro da máquina estatal e as decisões políticas dos governantes. Essa disputa se materializou desde as denúncias do servidor público a respeito do possível esquema de corrupção até a declaração da coordenadora do Programa Nacional de Imunizações, que apontou que suas recomendações e pareceres nunca foram ouvidos. Conflitos como esse, de servidores públicos alegando que não têm sido escutados pelo governo Bolsonaro, têm se espalhado pela Esplanada, e são muito evidentes na área de saúde, na educação e na área ambiental.

É impossível assistir a esse debate e não compreender a importância de uma burocracia qualificada que informe os agentes políticos e embase suas decisões. Políticos que governam com o único intuito de reforçar sua base eleitoral também atentam contra a democracia justamente por estarem driblando a necessidade de justificativa pública e racional para seus atos.

A democracia brasileira pós-Constituição de 1988 foi virtuosa ao promover a expansão do universalismo de procedimentos e a ampliação da participação popular, padrões de relação entre Estado e sociedade que trouxeram conquistas fundamentais para a população. No entanto, ainda não conseguimos nos livrar dos nocivos aspectos de formação do Estado brasileiro, que entrelaçam clientelismo, autoritarismo e corporativismo sob um manto de democracia liberal. Nosso regime é uma democracia equilibrista, que oscila entre os avanços republicanos e participativos e os empuxos dos padrões conservadores.

O SUS, a universalização do ensino fundamental, o Suas, a redução da pobreza e da desigualdade, a ampliação da universidade para negros e negras, o MP independente, a Polícia Federal eficiente, a redução do desmatamento, entre tantas conquistas, foram o resultado de uma Constituição que soube acomodar a ampliação do espaço democrático a instituições capazes de fornecer soluções tecnicamente sofisticadas para os grandes problemas. Mas a crise democrática que tem seu ápice no governo Bolsonaro deixa patente que esse fino equilíbrio entre técnica e política, entre participação popular e instituições fortes, está na chave para a consolidação do ambicioso projeto de 1988, em um país que por séculos fez muito mais questão de ser chamado de democrático do que de se transformar de fato em uma democracia para todos e todas.

PARTE II
DEMOCRACIA DESEQUILIBRADA: O DOMÍNIO DA TÉCNICA SOBRE A POLÍTICA

4. Lei de Acesso à Informação

Por volta de sete da manhã de um dia de trabalho no final de 2008, o telefone tocou. Era o ministro. Embora madrugador, Tarso Genro raramente nos ligava tão cedo. Alguma coisa devia ter acontecido. "Pedro, não sei o que fizeste, mas o Samuel veio aqui na minha casa a essa hora dizendo que precisava falar comigo antes de eu viajar para o exterior. Pelo que eu entendi foi algo muito grave que disseste sobre o barão do Rio Branco." Eu tinha dito mesmo. E tudo indicava que estava sendo chamado à diretoria por mau comportamento. Genro disse que eu deveria ir ao gabinete do ministro em exercício das Relações Exteriores, Samuel Pinheiro Guimarães, para me explicar.

O que exatamente fez com que esse ministro em exercício se abalasse até a casa do ministro da Justiça para pedir que o jovem secretário fosse à sua sala para se explicar? Não era apenas o zelo pela imagem — ao que parecia, ofendida — do barão, patrono do Itamaraty. O debate era sobre a Lei de Acesso à Informação, LAI.

Quando essa discussão estava acontecendo, o Brasil era um dos últimos países da onda latino-americana de novas constituições no final dos anos 1980, início dos 1990, que ainda não havia aprovado uma lei ampla de acesso à informação. Nos anos anteriores, o debate estivera muito mais focado na abertura dos arquivos da ditadura do que na importância de uma lei com procedimentos claros para que qualquer cidadão acessasse informações do Estado e em regras que determinassem as condições para declarar o sigilo de algo e o tempo que duraria. Naquele momento, era justamente na discussão sobre o tempo do sigilo que o governo se debruçava.

Dilma Rousseff, ministra da Casa Civil, Tarso Genro, da Justiça, e Jorge Hage, da CGU, tinham as posições mais claramente favoráveis não apenas à criação de uma lei de acesso à informação, mas que fosse a mais aberta possível. Já o Itamaraty e o Ministério da Defesa eram cautelosos acerca da edição de uma lei geral sobre o tema e francamente contrários a estabelecer um prazo para a manutenção do sigilo. Para esses ministérios, alguns documentos poderiam ter seu sigilo renovado de maneira indeterminada, para sempre. A imprensa chamava essa posição de sigilo eterno.

Na véspera daquele telefonema, houvera uma reunião para discutir justamente o tema do sigilo eterno. Participei dela como representante do Ministério da Justiça, em meio a colegas da Casa Civil, da CGU, do Itamaraty e da Defesa. Já se sabia de antemão as posições de cada ministério. Dificilmente conseguiríamos, naquela ocasião, mudar as posições uns dos outros. Mas o que mais impressionava era a postura do Ministério da Defesa e do Itamaraty, que se arvoravam representantes do Estado, enquanto nós espelharíamos o governo. Eles estariam preocupados com a manutenção da espinha dorsal do Estado brasileiro, que só poderia sobreviver graças a um corpo de funcionários públicos leais a essa estrutura. Nós éramos transitórios e representávamos algo menos nobre naquele debate: interesses políticos.

Aquela formulação, feita às vezes com sutileza, às vezes às claras, intrigava. De um lado, é compreensível que aquela era — ou poderia ser — uma tensão positiva. Entre o apego às tradições do Estado e os ventos novos trazidos pela política e pela democracia, talvez fosse possível chegar a uma posição razoável. Mas havia um quê tão profundamente antidemocrático naquela atitude que não permitia que ela fosse encarada com tranquilidade. Essa lealdade às estruturas do Estado brasileiro não era também uma lealdade a um Estado que foi motor da consolidação de todas as nossas injustiças? E mais do que isso: eles se recusavam a revelar os temores reais para dar cabo do sigilo eterno. Que tipo de documento, ao ser compartilhado com o público, poderia afetar negativamente a estabilidade do país? Eles não diziam porque nós, ali, não éramos o Estado, estávamos do outro lado do balcão, o da política. Mesmo como altos funcionários públicos, não estávamos aptos, segundo eles, a ter acesso às informações necessárias para tomarmos as decisões. Deveríamos confiar no espírito leal que eles diziam representar.

Era difícil de engolir. Então insisti para que dessem um exemplo de documento de, digamos, cinquenta, cem anos atrás, que, se revelado, afetaria a estabilidade do Estado brasileiro. Após muita insistência, o graduado funcionário do Itamaraty presente à reunião aceitou falar: "As fronteiras. Há informações que podem afetar nossas fronteiras".

Dava para intuir o que ele dizia. A imagem do barão do Rio Branco — o gênio diplomático que garantiu, apenas com suas habilidades, 900 mil quilômetros quadrados de território do Brasil — é às vezes arranhada por alguns impertinentes que insistem na possibilidade de que o chanceler tenha usado mais do que habilidades diplomáticas para conseguir a façanha. E alguns dos métodos seriam, quem sabe, pouco republicanos.

E o que incomodava era justamente aquela postura, que

subentende que eles poderiam se eximir de expor argumentos para nós desconhecidos, os quais nos fariam refletir. Ao possuir informações que não podem ser compartilhadas com os demais servidores ou com o público, eles se reservam o poder de decidir. Por isso resolvi enfrentar e fiz a intervenção que rendeu o puxão de orelha:

Agradeço que o senhor tenha levantado esse ponto. Porque ele nos dá mais clareza sobre o que estamos discutindo aqui. E não se trata de fronteiras. Não há qualquer risco jurídico, posso falar como membro do Ministério da Justiça, de que a Bolívia reclame o Acre de volta, ou de que percamos um pedaço do Amapá ou de Roraima com chance de sucesso. Zero. Quem talvez possa perder algo não é o Brasil, mas o barão do Rio Branco. Se ele realmente subornou alguém nesse processo, ou fez algo pouco digno, deve perder seu lugar na história. Mas será que o povo brasileiro não tem direito ao acesso pleno às informações para que possa escolher livremente seus heróis?

O comentário azedou por completo o clima, e a reunião terminou sem consenso. Daí a visita surpresa do embaixador ao ministro da Justiça.

Passados alguns meses, houve uma reunião de ministros com o presidente Lula para decidir o texto final do projeto de lei. Venceu a burocracia que se dizia fiel guardadora da memória inviolável. Convenceram o presidente de que havia questões que deveriam permanecer sigilosas para todo o sempre. Mesmo que a grande maioria dos países não possuísse tal dispositivo. Mesmo que a sociedade brasileira clamasse por transparência e maior democracia. Mas a burocracia pode ser muito convincente quando se esconde não atrás de argumentos técnicos, mas do poder simbólico de representar a continuidade do Estado.

O projeto foi enviado ao Congresso, mas aí veio a política. Houve intensa mobilização de vários grupos da sociedade civil que lutam por transparência, como o Conectas e o Artigo 19, e a discussão foi reaberta. Apresentaram-se dados de outros países, falou-se dos ganhos de pôr um limite temporal ao sigilo. A imprensa também cobriu o assunto — o jornalista Fernando Rodrigues, à época na *Folha*, não cansou de escrever a respeito.

Itamaraty e Defesa seguiram levando seus argumentos a parlamentares. Tiveram sucesso, por exemplo, em convencer o senador Fernando Collor de Mello. Mas essa oposição entre uma estratégia baseada em argumentos corporativos, servindo-se de uma mística da burocracia, e o debate público feito pela sociedade civil e pela imprensa, acabou derrubando o sigilo. Na Câmara dos Deputados, com o apoio decisivo de José Genoino (PT-SP) e Mendes Ribeiro (PMDB-RS),[1] o texto enviado foi alterado.

Finalmente, a lei aprovada estabeleceu que documentos públicos poderiam ter um prazo máximo de sigilo de 25 anos, renovável por apenas mais 25.

A lei já tem quase uma década e as fronteiras brasileiras seguem intactas. Mas hoje os brasileiros têm condições de conhecer sua história com muito mais profundidade. Este caso é um excelente exemplo de como servidores públicos se valem de sua legitimidade técnica e meritocrática para tentar impedir que a política influencie a tomada de decisão. Fica evidente a tentativa de se colocar a técnica acima da política — e do próprio interesse público. A escolha da duração do sigilo era sem dúvida uma escolha política, e que dizia respeito ao interesse público. Essa escolha deveria se basear também em critérios técnicos que pudessem deixar claro o que se estava escolhendo, mas a decisão final sobre a criação ou não de um Estado mais transparente não é apenas um debate técnico — é sobretudo um debate político.

Os funcionários do Itamaraty envolvidos no debate se comportaram como se, por integrar uma corporação pública, por ter prestado um concurso, eles tivessem mais legitimidade para participar das decisões do que os servidores indicados por ministros políticos. É como se a política estivesse condicionada necessariamente à autorização de burocratas, ao menos em determinados temas.

Este caso explicita bem o dilema da coexistência entre técnicos e políticos, já apontado por Max Weber no início do século xx. Ao analisar a construção dos Estados modernos e republicanos, Weber propõe que o bom funcionamento de um regime democrático dependeria de um equilíbrio tênue, mas necessário, entre políticos eleitos democraticamente e burocratas que materializam a existência do Estado. A tensão e a instabilidade desse equilíbrio se dariam justo pela diferença de intenções e racionalidades que movem uns e outros.

No tipo ideal de Weber, os políticos são agentes movidos por paixões, sentimento de responsabilidade e senso de proporção, que se devotam a determinadas causas e se propõem a representá-las na política. Os políticos, representados no caso da Lei de Acesso à Informação pelos servidores do Ministério da Justiça, da CGU e da Casa Civil, têm na política uma vocação e vivem para ela. Já os burocratas, representados pelos servidores do Itamaraty e do Ministério da Defesa, são parte de um corpo estável, preenchido por critérios meritocráticos e isonômicos, que atua em uma estrutura profissional permanente.

Cabe aos burocratas responder ao público obedecendo a regras, resguardando as leis e cumprindo as ordens dos políticos (desde que ancoradas nas leis e no Estado de Direito). Como aponta Weber: "o verdadeiro funcionário [...] não deve fazer política exatamente devido a sua vocação: deve administrar [...]. Deve desempenhar sua missão sem ressentimentos e sem preconceitos". Não caberia a eles, por exemplo, se arvorarem "representantes do Estado" resguardando o sigilo de informações que deveriam ser públicas. Como burocratas não são eleitos, eles não deveriam exercer força política, sob o risco de corromper a ordem democrática ou de não terem legitimidade em suas decisões. Deveriam, portanto, deixar as paixões para o lugar da política e da democracia. Neste caso, especificamente, deveriam cumprir o que foi determinado política e legalmente, e em nome do interesse público.

Décadas depois dos escritos de Max Weber, o sociólogo francês Pierre Bourdieu fez uma análise da transição do que ele chama de "Estado dinástico" (baseado no poder da dinastia da casa real) para o Estado burocrático. Essa passagem, segundo ele, se daria aos poucos, no período de formação do Estado nacional, com a criação de um regime burocrático que ainda operava num contexto de poder absoluto do rei. E isso trazia uma contradição entre o domínio privado, do rei, e o domínio público sob o qual começa a funcionar a estrutura burocrática. Enquanto a lógica dinástica tem origem nos laços de sangue, a lógica burocrática, ainda segundo Bourdieu, está baseada no mérito, na competência. E essa lógica inspira a criação de uma série de rituais e procedimentos que têm por objetivo reforçar a legitimidade desse poder burocrático, de cunho racional.

Mas Bourdieu deixa claro que o surgimento dessa lógica burocrática está relacionado a uma disputa pelos recursos do Estado. Ou seja, aquilo que ele chama de "nobreza de Estado" é um novo grupo que passa a ter acesso à decisão sobre o uso dos recursos do Estado e, para poder fazer isso, precisa que os critérios de uso desses recursos obedeçam a uma lógica que garanta seu exercício do poder. Esse grupo, que não vem necessariamente da nobreza antiga, mas cuja legitimidade é agora baseada na formação por grandes universidades e no desempenho nos concursos públicos, pode usufruir do poder. Aquilo que parece universal tem objetivo particular. Como diz Bourdieu, é o grupo que tem interesse privado no interesse público.

Assim, esses ritos e procedimentos universalizantes pensados para assegurar uma legitimidade legal-racional ganham uma mística que os envolve em mistério. A atuação dos servidores do Itamaraty e dos militares nesse processo reflete muito essa perspectiva. Abençoados por uma legitimidade técnica, racional, eles tentaram esvaziar a possibilidade de debate público sobre o tema. A LAI, ao permitir ao público o acesso a documentos antes secretos, de alguma maneira rompia essa aura mística — democratizando informações e ritos, diminuía o poder da nobreza de Estado.

O caso da aprovação dessa lei mostra exatamente esta tensão e seus limites. Os funcionários nomeados pelo governo Lula representavam uma agenda política que estava ampliando os canais de transparência em muitos âmbitos. A criação do Portal da Transparência, a abertura dos arquivos da ditadura e a Lei de Acesso à Informação eram enormes avanços. A burocracia poderia ter exposto seus argumentos a respeito dos riscos do fim do sigilo. Poderia argumentar que tal medida criaria problema com vizinhos do Brasil, exporia personagens reconhecidos como heróis nacionais ou reabriria feridas históricas. Uma vez avaliados os riscos, caberia aos políticos o veredicto final, pois afinal são eles que se responsabilizam pelas decisões perante o público.

A burocracia deve sempre resguardar as leis. Mas quando, em um processo legal e legítimo, ela se recusa a se submeter às decisões da política legalmente fundamentada, tomando para si a função de definir o que julga do interesse da sociedade, invocando um discurso técnico que acaba por proteger apenas seus interesses, a democracia sai chamuscada.

Neste caso, a estratégia da burocracia foi primeiro omitir informações e depois criar certa mística acerca das informações técnicas em posse dela, desqualificando quaisquer outros atores para participar do debate. Foi, portanto, uma estratégia de minar a política. Ao defender interesses corporativos não explícitos, os técnicos concursados se colocavam acima do debate público e democrático e utilizavam sua posição de servidores do Estado para garantir interesses que também eram políticos. Esse é mais um caso que ilustra como as burocracias não são neutras politicamente. Elas podem tentar se esconder por trás de um suposto discurso técnico, legitimado pelas vagas estáveis que ocupam, cujo acesso é restrito aos aprovados em concursos supostamente técnicos e meritocráticos. Disputam, no entanto, processos decisórios políticos e que devem estar abertos ao debate público para garantir representatividade dos diferentes tipos de interesse social.

Diversas situações que já vivemos evidenciam o limite das decisões herméticas da burocracia — não basta que profissionais muito bem formados, legitimados por concursos públicos, ocupem posições-chave do Estado para que as melhores decisões sejam tomadas. Esses profissionais devem produzir informações que embasem as escolhas políticas de líderes eleitos. Como apontam cientistas políticos como Robert Dahl e Charles Lindblom, há um limite na racionalidade técnica para resolver conflitos sociais; e, portanto, menos que uma exclusão recíproca, é necessária uma combinação de racionalidades e inteligências técnicas e políticas para decisões em ambientes democráticos.

Com isso, não se pode dizer que o debate na Câmara dos Deputados a respeito da LAI tenha sido menos técnico do que o debate no Executivo. Ele foi sem dúvida mais arejado a distintas visões de mundo e produziu uma decisão política, sem vergonha de se dizer política, que mesmo em conflito com o corpo técnico foi a melhor solução para o problema.

Problemas como esse são corriqueiros na administração pública. Qual é a fronteira entre questões que exigem apenas um debate técnico e aquelas que podem e devem ser submetidas a um escrutínio mais político? Existe algum tema unicamente técnico? Existe uma burocracia tecnicamente neutra que consiga tomar decisões sem interesses políticos? Essas questões serão debatidas nos próximos capítulos, mas já fica evidente que essa tensão só se resolve com mais democracia, e não com mais técnica.

5. Caso Battisti

Naquele dia de novembro de 2008 eu estava na sala do ministro Tarso Genro por outro motivo. Era secretário de Assuntos Legislativos do Ministério da Justiça e ia despachar alguma coisa. Luiz Paulo Barreto, secretário-executivo do Ministério da Justiça, acabava de despachar com o ministro. Haviam tratado do caso Cesare Battisti, condenado por dois homicídios na Itália, mas cujo processo sofrera sérias críticas acerca de seu respeito ao devido processo legal.

Barreto, além de ser secretário-executivo, também ocupava a presidência do Conare, Comitê Nacional para os Refugiados, órgão que tem a competência de avaliar as solicitações de refúgio. E algumas horas mais tarde o Conare julgaria o pedido de refúgio encaminhado por Battisti.

Funcionário de carreira do Ministério da Justiça, Barreto chefiou o antigo Departamento de Estrangeiros por muitos anos, ainda no governo Fernando Henrique Cardoso. No início do governo Lula, Márcio Thomaz Bastos — por indicação do ex-ministro da Justiça Miguel Reale Jr. — o convidou a assumir a Secretaria-

-Executiva da pasta. Lembro que brincávamos que, se houvesse um troféu Max Weber para um servidor público, o galardão seria dele. Barreto negociou boa parte dos acordos relativos a estrangeiros e à imigração do Brasil ao longo dos anos 1990 e 2000.

Também foi ele que, involuntariamente, protagonizou um dos mais infames episódios da gestão Lula, talvez o único ataque real à liberdade de imprensa em um governo que respeitou tal princípio, apesar de ter sido atacado e não ter recebido o devido reconhecimento. Refiro-me ao episódio da expulsão do jornalista Larry Rohter, do *New York Times*.

Em 2004, após uma matéria muito agressiva, que sugeria que Lula bebia em excesso e havia sido abusado por seu pai na infância, o presidente determinou que o jornalista do *NYT* fosse expulso do país. O ministro da Justiça, Márcio Thomaz Bastos, estava em viagem oficial à Europa. Barreto, que havia construído sua carreira de servidor público na defesa dos direitos dos estrangeiros no Brasil e, portanto, sabia que a decisão feria princípios fundamentais da Constituição, foi chamado para assinar o ato de expulsão. Ministro em exercício de um governo com menos de um ano e meio, ele não conseguiu fazer prevalecer sua opinião. Mais tarde, teve atuação decisiva em auxiliar o ministro, já de volta ao Brasil, a convencer o presidente Lula a reverter a decisão. Esse episódio evidencia a tensão entre a postura do servidor público, de carreira, em um alto cargo do governo, e as decisões políticas que ele vai ter que administrar.

Na sala do ministro, mais de quatro anos depois do caso Larry Rohter, Barreto estava prestes a enfrentar outra tensão — das muitas que certamente viveu — entre seu papel de servidor público e a política. Ele já se afastava da mesa do ministro (que a mística dizia ter pertencido a Getúlio) quando entrei na sala. Enquanto percorria a distância entre a mesa e a porta lateral da sala, lembro ter ouvido a pergunta de Barreto: "Bom, então como eu voto, ministro?". "Vota como tua consciência mandar", foi a resposta. E Genro ainda emendou: "Aliás, aposto que o teu vai ser o voto de minerva nesse caso".

Eles estavam discutindo a concessão ou não de refúgio para Cesare Battisti. Barreto estava se encaminhando para a reunião do conselho que votaria o tema. O italiano havia sido condenado na Itália, nos anos 1970, por homicídios cometidos pelo grupo Brigadas Vermelhas. Ele negava os crimes e alegava que os julgamentos eram frutos de perseguição política.

Battisti havia conseguido refúgio na França na época do presidente socialista François Mitterrand e não teve sua condição alterada pelo direitista Jacques Chirac. Com a chegada de Nicolas Sarkozy e seu discurso mais duro contra o terrorismo, teve seu refúgio revogado e acabou fugindo para o Brasil. Ao chegar aqui, pediu refúgio. Como todo refugiado, teve seu pedido analisado pelo Conare, comitê composto de representantes de diversos ministérios, que decidem, por votação, sobre a concessão ou não do beneplácito para os solicitantes. O Brasil tem longa tradição de conceder refúgio a estrangeiros oriundos de países dos mais diferentes regimes políticos.

Trata-se de uma decisão técnica, claro. Mas que comporta inúmeras dimensões políticas. A análise do pedido precisa levar em conta a situação política do outro país para avaliar se existe ou não perseguição. E os juízes, ainda que gozem de ampla liberdade para definir a existência de perseguição — conforme legislação internacional sobre o assunto —, sempre estão sujeitos a criar melindres e tensões com outros países.

Uma análise técnica precisa conjugar a capacidade de compreender a legislação nacional e internacional com essa avaliação política sobre a situação do país de onde vem quem pede o refúgio, para avaliar se há ou não perseguição a essas pessoas.

A legislação sobre refúgio (nacional e internacional) é feita para proteger os cidadãos que pedem refúgio de pressões sofridas em seu país de origem. Ou seja, procura impedir que um país extrapole para a diplomacia internacional a perseguição política realizada contra um cidadão e acabe pressionando o país que está analisando se concede ou não o refúgio por meios diplomáticos. Mesmo assim, em alguns casos específicos, as pressões acontecem. Assim, os membros do Conare estão sempre navegando entre análise técnica e política ao tomar as suas decisões.

Mas, justamente para preservar os refugiados de pressões políticas indevidas, a legislação sobre refúgio tem uma previsão curiosa. Em caso de decisão favorável ao pedido de refúgio, ela é definitiva. Apenas no caso de decisão contrária ao refúgio caberá recurso ao ministro da Justiça.

Sou grande admirador da gestão Tarso Genro, e muitos episódios aqui discutidos ocorreram no período em que trabalhei com ele. Hoje me parece claro que aquele diálogo com Barreto, que na ocasião me soou banal, talvez tenha sido o maior erro do ministro em todo o *affaire* Battisti. O erro não diz respeito à concessão de refúgio, mas ao conselho, aparentemente despretensioso, para Barreto votar de acordo com sua "consciência".

Hoje sabemos que o caso afetou profundamente as relações do governo Lula com a Itália e com o Supremo, além de ter servido de importante munição contra o governo e contra o PT. Até o presidente Bolsonaro fez referência ao episódio.

Não sei se era possível prever o desfecho, mas é evidente que não se tratava de um caso cuja decisão poderia ser delegada a um servidor de carreira. Barreto cumpria os dois papéis. Era servidor concursado e era o número 2 do Ministério da Justiça, uma posição sem dúvida política. Mas no momento em que o ministro não lhe deu uma instrução política clara, quando disse para Barreto votar conforme sua "consciência", ele transferiu ao servidor todo o peso e as consequências políticas da decisão.

A convicção de Tarso para a concessão do refúgio veio apenas depois desse episódio, quando ele analisou o caso mais decidamente. Ou seja, naquele momento o ministro não tinha conversado com o presidente, não tinha como garantir a Barreto que uma decisão de concessão de refúgio teria o respaldo do governo. E alguém com a experiência de Barreto sabia que a decisão seria rumorosa. Como presidente do Conare, com o necessário respaldo político do governo, ele havia concedido refúgio, por exemplo, a um padre colombiano acusado de homicídio e terrorismo em seu país (caso esse confirmado por dez a um no STF um ano antes da decisão sobre Battisti).

Barreto se dirigiu à sala em que se deu o julgamento. E, lá, não creio que ele tenha tomado uma decisão estritamente técnica. Ou melhor, a pergunta que se deve fazer é se é possível uma decisão estritamente técnica num caso com tanto potencial explosivo no âmbito político. No colegiado do Conare, a decisão empatou e, sim, como havia previsto o ministro, o voto de minerva foi de Barreto. Que não votou como havia votado no caso do padre colombiano: seu voto foi contra a concessão do refúgio.

Tivesse Barreto votado a favor, a questão teria se encerrado ali. O argumento da politização do caso teria muito mais dificuldade de prevalecer. Mas a lei permite que, se o Conare negar o refúgio, a solicitação seja levada ao ministro da Justiça.

A decisão contra o refúgio, mesmo que por um voto, embasou os ataques à decisão posterior de Tarso Genro. E os argumentos iam sempre na mesma direção: a decisão do ministro era política porque contrariara o parecer do órgão técnico, o Conare. Não importava se a fundamentação da decisão de Genro era robusta, se seus argumentos estavam ou não em acordo com a legislação nacional e internacional sobre o tema. Se o debate fosse efetivamente técnico, a análise deveria se ater a avaliar se as justificativas apresentadas no parecer do Conare eram melhores, mais sólidas, do que as levantadas pelo ministro. No entanto, devido à fetichização do corpo técnico, o Conare, o mero fato de o órgão ter decidido, mesmo que por maioria, de forma contrária ao ministro levava à difusão da ideia de que havia uma oposição entre uma visão técnica — e correta — do Conare e uma visão política e, portanto, errada, do ministro.

Mas a pergunta de 1 bilhão de dólares é: Barreto poderia ter votado de outro modo? Quando o Conare concede o refúgio, não cabe recurso. Barreto carregaria sozinho o peso da decisão — que, como hoje sabemos, foi gigantesco e chegou ao limite de crises institucionais. Mas e se Genro tivesse estimado a importância do caso e tivesse assegurado a Barreto que o governo o apoiaria caso ele votasse pelo refúgio? Ou mais: e se dissesse que o governo era a favor e que, se Barreto não visse impedimentos técnicos, deveria votar pela concessão do refúgio? Bem, o caso não teria subido para o ministro e as possibilidades de defesa da decisão seriam muito mais fortes.

O caso Battisti teve muitos desdobramentos, há livros e artigos sobre o tema. Eu mesmo, Pedro, já me manifestei em público várias vezes. Mas o que interessa aqui é justamente a tensão mal resolvida entre a técnica e a política, entre o papel do servidor público e o do agente político. A separação artificial entre esses papéis quase sempre volta para assombrar seus artífices. Seja nos ventos da realidade, quando se faz política descolada da técnica, seja nos ventos da política, quando se imaginam possíveis decisões técnicas sem considerações políticas.

A questão também expõe o esforço de estabelecer uma superioridade da técnica sobre a política, mas de uma forma diferente do caso da LAI. Se lá havia uma disputa da burocracia por espaço e pela primazia de decisões, aqui vemos o movimento contrário: a política se omite em uma decisão que deveria ser eminentemente política. Ou seja, estamos diante de um caso cujas consequências resultam da negligência da política no processo decisório, possibilitando a primazia da técnica — que se responsabiliza pelo resultado político da decisão sem ter capacidade para tanto.

Aqui, a política era representada pelo ministro Tarso Genro, e a técnica, pelo servidor Barreto. Quando o ministro disse ao servidor que julgasse de acordo com sua consciência, ele se furtou a uma responsabilidade política e, portanto, não respondia pela decisão. A consequência foi um processo decisório com baixa legitimidade.

Além disso, o caso revela outro efeito da falta da política: o estreitamento do espaço de criatividade, de inovação. Isso porque é da natureza da burocracia manter o status quo e a continuidade. Como não é responsiva por decisões políticas, ela em geral tende a tomar decisões previsíveis ou fundamentadas em experiências ou no entendimento da lei.

Esse "conservadorismo decisório" da burocracia é parte de sua natureza, daí a crítica de que ela não se inova e fica travada no correr do tempo. O bom senso do servidor Barreto era regido por esse status quo burocrático e pelo receio de tomar decisões que não fossem de sua alçada. Ele ficou, portanto, no escopo do que era certo e seguro. A questão é que, sem apoio e incentivo político, há pouco espaço para a inovação dentro da burocracia — como vimos no caso da LAI e veremos em outros aqui. Dessa forma, para garantir uma inovação responsiva, é central que a política não se abstenha de agir em conjunto com a burocracia, de estimular e acompanhar sua inovação, de garantir espaço e proteção para que ela possa ir além em suas decisões.

O caso Battisti, portanto, aponta os limites da omissão política quando da tomada de uma decisão. A omissão da política acarreta a deslegitimação decisória e pode gerar também decisões aquém do esperado, decisões conservadoras, que não abrem espaço para inovação e experimentação. A questão que fica é: quando, numa democracia, a política poderia se abster de tomar decisões políticas?

PARTE III
DEMOCRACIA DESEQUILIBRADA:
A TÉCNICA E SEU DESPREZO PELA POLÍTICA

6. Política de drogas

Abri o jornal e li: "Governo propõe fim da prisão para pequenos traficantes". Fui tomado por um calafrio que costuma acometer quem trabalha no governo. Um calafrio que tem início no exato momento em que termina a espera entre o fim de uma entrevista a um jornalista e a leitura da manchete. É claro que não é só quem trabalha no governo que sente calafrios, mas em Brasília há essa tensão constante, e positiva, entre imprensa e atores políticos, alimentada pelos encontros em restaurantes e bares da capital.

Não era aquela a manchete que eu esperava, nada fidedigna às minhas afirmações. Basta ler a entrevista — publicada em 11 de janeiro de 2011, aos onze dias de governo Dilma — para notar que a expressão "pequenos traficantes" sequer aparece.

Eu já estava havia oito anos no governo e sentia que era o momento de sair. Mas o convite do ministro José Eduardo Cardozo para assumir a Secretaria Nacional de Políticas sobre Drogas me atraía pela possibilidade de gerar mudanças numa área na qual, na minha avaliação, o governo tinha feito muito pouco até então.

Minha relação com o tema brotara em meu trabalho no Ministério da Justiça. Lá pelos idos de 2007, um grupo da Pastoral Carcerária de São Paulo, apadrinhado pelo deputado Paulo Teixeira (PT-SP), nos procurou na Secretaria de Assuntos Legislativos do ministério. Eles queriam falar de um problema recente. Apesar da nova Lei de Drogas, aprovada no ano anterior, teoricamente mais progressista (usuários passaram a não receber pena de prisão), a pastoral percebia que pessoas claramente sem ligação com o crime, pobres, muitas vezes meros usuários, estavam lotando os presídios. Era um público novo.

Esse dado era muito importante para pensar, a sério, uma política de drogas. Como era possível que uma lei feita para prender menos gente estivesse provocando o efeito contrário? O projeto Pensando o Direito tinha acabado de ser lançado, então tivemos a ideia de inserir esse assunto no edital. O projeto, que contava com uma rede de universidades para aprofundar pesquisas em temas com relevância para o debate legislativo, poderia fazer uma avaliação técnica dos impactos dessa lei.

A equipe selecionada era excelente, um consórcio entre a UnB e a UFRJ liderado por duas das principais pesquisadoras do tema, Ela Wiecko e Luciana Boiteux. E os resultados da pesquisa foram contundentes: com a nova lei, uma explosão no número de encarcerados de fato ocorrera. Se, por um lado, a lei retirou a pena de prisão para o usuário, por outro, ela aumentou (e isso havia feito parte das negociações para sua aprovação) a pena para traficantes.

A distinção entre usuários e traficantes é completamente fluida na lei, depende do discernimento do juiz com base em critérios como "a quantidade da substância apreendida, o local e as condições onde se desenvolveu a ação, as condições sociais e pessoais, bem como a conduta e os antecedentes do agente". Na falta de qualquer parâmetro objetivo, é o critério subjetivo dos policiais, quase sempre referendado pelos juízes, que prevalece. Como consequência, o racismo e o classismo encontram terreno fértil para florescer. Os dados mostram claramente que brancos em regiões mais nobres das cidades são considerados usuários, mesmo com quantidades maiores de droga do que negros, que tendem a ser considerados traficantes. Branco é usuário, negro é traficante.

Eu nunca havia militado na causa da legalização das drogas. Ainda que desde sempre tenha julgado um despropósito a proibição, confesso que tinha dificuldade em me associar a um movimento que, no Brasil, parecia mais alicerçado no direito da classe média de fumar um baseado. É claro que já havia acadêmicos falando do papel do racismo na construção do proibicionismo, mas isso não se traduzia no modo como os militantes pela legalização abordavam a questão. Por isso, também, movimentos sociais e partidos de esquerda eram bastante reticentes quanto à pauta.

É evidente que não podemos reduzir a cegueira das esquerdas aos efeitos da guerra às drogas ao fato de a legalização estar, no Brasil, mais ligada a uma agenda de classe média e a direitos individuais. A cegueira deve ter alguma relação com a ideologia que permeia a questão. Entender esse sistema de valores como uma ideologia é a única forma de compreender o grau de alienação de indivíduos e movimentos sociais em relação ao tema. Esse sistema de valores se materializa na afirmação de que a única forma de lidar com as drogas é o uso indiscriminado da força para erradicar a produção e o consumo de substâncias ditas ilícitas, máxima repetida exaustivamente por pelo menos duas gerações. A qual, mesmo tendo se mostrado inoperante, impediu que outras alternativas fossem consideradas.

Para quem trabalha com a questão, não chegou a ser uma surpresa se deparar com médicos negacionistas em plena pandemia. Recorrer a médicos para dar uma demão científica a um discurso ideológico é muito comum quando se fala de drogas. E não por acaso um dos grandes protagonistas do discurso médico de defesa da guerra às drogas foi também um dos protagonistas do discurso negacionista no debate sobre a covid-19: o deputado Osmar Terra.

Osmar Terra sempre fez afirmações acerca de drogas que careciam de base científica real. Mas o conforto de seu apoio à ideologia da guerra às drogas permitia que suas falas fossem respeitadas. Nos Estados Unidos, pesquisas com enormes falhas metodológicas foram utilizadas para embasar políticas públicas por muito tempo. O mito de que maconha mata neurônios,[1] por exemplo, originou-se de um estudo publicado em 1974. Os pesquisadores obrigaram macacos a fumar o equivalente a um cigarro de maconha cinco dias por semana durante seis meses. Dois macacos morreram em noventa dias. A culpa da morte dos animais foi atribuída à maconha, mas hoje sabe-se que ela foi causada pelo monóxido de carbono. A ideologia da guerra às drogas oferecia resguardo à má pesquisa e essa ideia se consolidou por décadas.

A alienação, fruto da ideologia, permite que a avaliação das políticas de drogas seja feita com base em indicadores de processo e não em indicadores vinculados aos objetivos gerais da política, que nesse caso seriam melhorar a saúde e a segurança das pessoas. Mas a avaliação da política se escora no número de presos, na quantidade de droga apreendida e, em alguns países, até no número de mortos. Ou seja, se as pessoas estão consumindo mais drogas e morrendo mais por causa das drogas, mas a polícia está fazendo mais apreensões e mais prisões, os gestores da política são capazes de apresentar seu fracasso como se fosse sucesso. A aceitação desse descabimento só pode se explicar pela ideologia — e pela força com que ela pode produzir alienação.

E aqui, mais uma vez, cai por terra a crença de que a abordagem técnica está apta a enfrentar todos os problemas. A construção de mecanismos sofisticados de avaliação de impacto da política de drogas baseada nesses indicadores de processo sustenta e dá legitimidade a uma política totalmente contaminada por uma ideologia. Mas o questionamento dessa ideologia que enviesa a capacidade de análise e de ação é que é visto como uma tentativa política ou ideológica de atacar um trabalho técnico.

Há uma história que para mim reflete muito a cegueira que determinadas ideologias são capazes de incutir em servidores públicos convencidos de que fazem um trabalho técnico, sem ingerências políticas. Uma vez um ex-diretor da Polícia Federal me perguntou: "Você sabe por que o crack explodiu no Brasil?". Se alguém soubesse a resposta, talvez pudéssemos ter uma política efetiva para barrar seu uso, pensei. E se houvesse uma pessoa responsável, talvez pudéssemos até responsabilizá-la por isso. A resposta dele foi surpreendente. Ele me explicou que a Polícia Federal havia posto em ação uma política bastante séria — e inspirada nas recomendações internacionais — de controle dos precursores químicos, que são as substâncias, lícitas, utilizadas na fabricação de drogas ilícitas. Acetona, amoníaco, éter etílico, substâncias que são aplicadas na pasta base de coca para se obter a cocaína.

Assim, sabendo que a Bolívia, o maior exportador de cocaína naquele momento, produzia pasta-base de coca, mas importava do Brasil esses precursores químicos, a polícia conseguiu controlar, de maneira bastante efetiva, a exportação dessas substâncias para o país vizinho. Resultado: os produtores de cocaína tiveram muito mais dificuldade em produzir cocaína em território boliviano e transferiram seus laboratórios para o Brasil. Ora, o crack é um subproduto da produção da cocaína. Mais rústico e mais barato, não faz muito sentido exportá-lo, ainda mais com os riscos de atravessar a fronteira. Mas agora, com a produção local, o país começava a ter oferta de crack em território nacional. E a comercialização no Brasil começou a fazer sentido.

Não sei se essa hipótese, ventilada como certeza por meu interlocutor, é de fato a explicação central da entrada do crack no Brasil. O que me espanta é que ele, que realmente defendia a tese de que o crack era um dos maiores problemas do Brasil na época em que conversamos, me contou uma história na qual a instituição responsável pela explosão de crack no Brasil era... a Polícia Federal. Pois sua história apontava a origem da entrada do crack no país no sucesso da política de precursores.

E não havia remorso em seu relato da operação. Para ele, não era o caso de reconhecer um erro, pois afinal a polícia havia feito sua parte na engrenagem do combate às drogas. E é assim que vemos a alienação operando a partir do véu ideológico que veda os olhos de quem executa a política. Cada peça da engrenagem só quer saber se está trabalhando bem, se cumpriu seus objetivos imediatos — não há ninguém preocupado em avaliar o objetivo final. O abuso de drogas diminuiu? A violência caiu? A saúde das pessoas melhorou? Quando há uma ideologia que organiza as ações do Estado, não é necessário — e muitas vezes não é permitido — questionar se a direção-geral da engrenagem está correta.

E justamente o que a pesquisa encomendada pelo Pensando o Direito fazia era questionar essa ideologia. Evidenciava-se o impacto da política pública sobre os mais pobres, sobre os negros. A engrenagem estava servindo a quem? E foi ao me debruçar sobre dados concretos a respeito dos efeitos racistas e classistas da aplicação da Lei de Drogas que concluí que essa não era uma pauta de classe média. A partir daí, e um pouco impulsionado por vários membros do governo Lula que achavam que estava na hora de um avanço no debate sobre drogas, comecei a falar publicamente sobre o tema. Em 2009, como secretário de Assuntos Legislativos, dei uma série de entrevistas defendendo que pessoas flagradas com pequenas quantidades de drogas deveriam receber penas alternativas. Participei de articulações (malogradas) para tentar mudar a Lei de Drogas e de conversas (bem-sucedidas) com ministros do STF para que o Tribunal declarasse inconstitucional a proibição de penas alternativas para essas pessoas.

Essa grande digressão é importante para entender o que ocorreu na tal entrevista que dei ao *Globo*. Quando o ministro José Eduardo Cardozo, escolhido pela recém-eleita presidenta Dilma para a pasta da Justiça, me convidou para a Senad, Secretaria Nacional de Políticas sobre Drogas, ele já conhecia minhas posições, e só pediu: "Não vamos começar a gestão defendendo a legalização das drogas, temos que ser cautelosos, você sabe, não?". Eu sabia, tanto que nunca tinha defendido em público a legalização. Garanti que minha posição seria a mesma que eu vinha mantendo no ministério e que, havia pouco, tinha sido referendada pelo STF: precisamos retirar das prisões os presos primários, sem vínculo com o crime organizado e flagrados com pequenas quantidades de droga.

Dei entrevistas aos jornais *Folha de S.Paulo, O Estado de S. Paulo, Correio Braziliense* e *O Globo*. Repeti o que tinha combinado com o ministro. A maioria dos jornalistas ficou um tanto decepcionada, já que não ouvia nada de novo. Acontece que a falta de notícia é o maior perigo. Aquele começo de janeiro de um novo governo estava envolto em um marasmo de notícias e os editores se sentiam compelidos a encontrar novidades. Foi assim, provavelmente, que o editor do *Globo* resolveu dar destaque à entrevista comigo, estampando na primeira página a famigerada manchete.

A entrevista era bem mais prudente do que qualquer outra que eu já havia dado sobre o tema. Eu apenas concordara com a decisão recente do STF. Mas a manchete dava o tom de como minhas afirmações seriam lidas. Liguei para o ministro. Ele atendeu e, falando baixinho, me mandou ir a seu gabinete imediatamente. Depois soube que ele estava na sala da presidenta, que, aos berros, comentava a entrevista e riscava o jornal.

Eu não estava na sala e não ouvi o que a presidenta disse, mas quatro pessoas ali presentes me contaram, em momentos diferentes, como foi a conversa. A presidenta gritava que era conservadora nesse tema, que aquela nunca seria uma proposta do seu governo, que eu não tinha autoridade para fazer propostas pelo governo dela, e que era uma idiotice dizer que existe gente flagrada com pequenas quantidades de droga que não tenha vínculo com o crime organizado.

Quando encontrei o ministro, ele tinha nas mãos o jornal, com os grifos da presidenta. Eu logo pus meu cargo à disposição. Aquelas eram as minhas opiniões, e ela, afinal, era a presidenta. Não fazia sentido que ela tivesse um secretário com posições tão distantes das dela. O ministro insistiu que se tratava de um mal-entendido e que a manchete distorcia minha entrevista. Eu até concordava. Mas as coisas que ela havia dito na conversa é que me assustavam.

Após uma semana de negociações, o ministro me chamou: "A presidenta me autorizou a te convidar para a Secretaria de Reforma do Judiciário. Ela disse que gosta de você e gostaria que você permanecesse no governo. Sei que você pode fazer um trabalho ótimo". Apesar da pressão para que eu ficasse — Brasília é um caldeirão capaz de o tempo todo puxar as pessoas para dentro —, eu recusei e fui dar aulas na FGV-Direito, no Rio.

Muitas vezes esse assunto engrossa a lista de temas que o governo prefere deixar quietos para não brigar com setores mais conservadores no Congresso. Não foi o que aconteceu naquela ocasião. A presidenta parecia ter uma convicção pessoal de que a abordagem conservadora era a mais correta. Não era uma concessão: ela estava executando a sua política.

E claro que é curioso perceber que uma presidenta que se elegeu em cima de seu perfil de gestora, de técnica e não política, uma presidenta que ficou célebre por exigir apresentações em

PowerPoint recheadas de números, tome uma decisão justamente sem ouvir análises técnicas ou ponderar dados sobre o assunto. Mas acontece que há temas em que o peso ideológico das abordagens dominantes é tão grande que mesmo pessoas em geral abertas ao convencimento técnico podem se fechar à possibilidade de ouvir argumentos que desafiem o senso comum.

Por isso, temas sensíveis a uma ideologia tão forte quanto a guerra às drogas só podem ser abordados por um movimento claro, organizado de fora para dentro do Estado e a partir das verdadeiras vítimas das políticas públicas. É improvável que sejam bem-sucedidas reformas pensadas por pessoas de terno e gravata no ar-condicionado dos gabinetes de Brasília. Apenas o surgimento de um movimento político vindo das periferias pode romper a força da ideologia da questão das drogas.

Muitas coisas poderiam ser debatidas a partir desse episódio. Aqui vemos os efeitos da relação entre a mídia e a política; vemos como a política lida com temas conflituosos; poderíamos discutir a própria política de drogas e o racismo estrutural. Mas vamos nos deter em um aspecto específico: a primazia da política em detrimento da técnica. Ao contrário do caso anterior, no qual vimos as consequências ruins da sobreposição da técnica à política, nesse caso nos confrontamos com os lados perversos de quando a política não incorpora a discussão técnica.

No campo dos estudos da administração pública, fortalece-se cada vez mais a ideia de que boas políticas devem ser baseadas em evidências. Essa ideia, que parece óbvia, está longe de ser a prática de muitos governos, inclusive o brasileiro. O que se encontra, na maior parte das vezes, nas políticas públicas é a falta do bom uso de evidências na tomada de decisão, como bem demonstra um livro recente organizado por Natalia Koga e colegas, pelo Ipea.

Se no *affaire* Battisti a técnica sem a política se mostrou conservadora, evitando riscos, a questão das drogas mostra como a política pode impor limites conservadores à técnica. A ideologia da guerra às drogas consegue tornar o debate impermeável a novos argumentos. E mesmo que técnicos tenham a capacidade de demonstrar, com base em evidências, que a política pública fundamentada no senso comum não está trazendo benefícios, o custo da inovação pode ser alto demais para a política. Pois quando há algo tão profundamente arraigado quanto a lógica de guerra para lidar com o tema das drogas, questionar essa visão, com base em evidências, causa enormes tensões.

A presidenta Dilma não era especialista no tema, mas tinha uma opinião forte baseada no senso comum, não em evidências. A política da guerra às drogas está em consonância com o senso comum: drogas fazem mal; se a força do Estado for usada para proibir as drogas, menos pessoas vão usar. Acontece que essa aposta, que pode parecer fazer sentido intuitivamente, foi tentada por décadas e só obteve um fracasso retumbante no mundo todo. Além de não funcionar, trouxe enormes prejuízos (violência, prisões, incapacidade de tratamentos mais eficientes etc.). Olhar para as evidências teria a capacidade de romper a cegueira causada por essa ideologia e abrir espaços para novas políticas, mas esse processo é muito mais complexo.

O alinhamento entre a posição pessoal da presidenta e a visão predominante na sociedade, a acomodação dessa política com o racismo estrutural existente na sociedade, somados ao custo político de bancar uma mudança dessa grandeza, impedem que a mudança de perspectiva venha simplesmente do debate técnico. Ao optar por agir de acordo com sua percepção pessoal e contrariamente às evidências, Dilma não apenas passou por cima da técnica e dos burocratas, mas não se empenhou em resolver um problema com graves efeitos sociais. Ao mesmo tempo, como consequência, reduziu espaços de disputa e crítica políticas que sofreria ao concordar com a técnica.

E por que, então, pode ser um problema para a democracia que os políticos desconsiderem a técnica? Muito se discute sobre a ideia de qualidade dos governos, ou o que se chama "good governance". Como aponta o cientista político Bo Rothstein, a qualidade do governo depende de um cotidiano de exercício da política no qual o governo seja responsivo e transparente em suas decisões; seja imparcial naquilo que realiza; cumpra as leis e garanta a legitimidade do Estado a partir de suas decisões. A qualidade do governo se materializa, portanto, também na qualidade das decisões que toma e em sua capacidade de gerar efetividade e legitimar a ação estatal. Quando um governo não consegue entregar bons serviços nem gerar efetividade, ele fragiliza sua legitimidade e isso pode se tornar um risco para a própria democracia, como sinalizam autores como Dahlström e Lapuente.

Quando políticos abrem mão da técnica para tomar decisões, eles comprometem e limitam sua capacidade de tomar boas decisões e, assim, de gerar efetividade. O menosprezo pela técnica nas decisões políticas pode aumentar a governabilidade momentânea ao diminuir conflitos, mas também pode gerar efeitos negativos no longo prazo ao diminuir a capacidade de entrega dos governos. A eterna guerra às drogas, o aumento da violência e o racismo estrutural são algumas evidências disso. Ao decidir não agir com base na técnica para evitar conflitos, governantes se omitem na resolução de problemas sociais profundos. Como consequência, esses problemas vão, aos poucos, minando a legitimidade do Estado e, obviamente, gerando efeitos cada vez mais contundentes na sociedade.

Outra perspectiva da primazia da política sobre a técnica está na interferência que muitas vezes os políticos fazem na burocracia e nos valores de neutralidade que legitimam a racionalidade burocrática. Durante o governo Bolsonaro, os relatos desse tipo de interferência têm se multiplicado na Esplanada e foram recentemente sistematizados no livro *Assédio institucional no setor público*, organizado por Cardoso e colegas da Afipea. Os exemplos na área ambiental são recorrentes, como a ingerência nas decisões sobre aplicação de multa ambiental e a crítica pública que o presidente ou o ministro fazem aos servidores do setor. Mas há também diversos outros relatos de deslegitimação da burocracia, como a proibição de servidores de participar de reuniões ou comissões que tomam decisões técnicas, a proibição de acessar sistemas de informação e, portanto, de acompanhar decisões, entre outros.

7. A captura da Controladoria-Geral da União

Logo no início do governo Michel Temer, o advogado e ex-ministro do TSE Torquato Jardim foi convidado a assumir o cargo de ministro da Controladoria-Geral da União (CGU). A situação não era das mais confortáveis. Esse ministério criado no governo Lula (que fortaleceu e deu status de ministério à CGU criada por FHC) e responsável por avanços enormes no combate à corrupção havia sofrido um grande abalo. Temer havia nomeado ministro Fabiano Silveira, e este, meses após a posse, fora flagrado em gravação na qual dava conselhos a alvos da operação Lava Jato.

Jardim, o novo titular da pasta, realizou uma transmissão por vídeo a todos os servidores públicos da CGU para expor as diretrizes de sua gestão. E disse que aqueles que não tivessem afinidade política com o governo deveriam pedir demissão. Deixou claro — e os servidores gravaram — que os trabalhos no ministério pressupõem "compatibilidade política, filosófica e ideológica de cada qual com o governo de transição" de Temer. "Quem tiver uma incompatibilidade insuperável, de qualquer tipo, em qualquer circunstância, tenho certeza que terá a dignidade de pedir, espontaneamente, a sua exoneração."[1]

Esse é um excelente exemplo de como pode ser complexa a ideia de que o ministro define a visão política e os funcionários públicos a implementam. É evidente que, em um órgão de controle que tem por objetivo principal o combate à corrupção, é absurda a ideia de que seus técnicos devam ter afinidade político-eleitoral com o governo.

O resultado da gestão com interferência política explícita num órgão de controle foi nítido. O número de municípios fiscalizados caiu drasticamente, assim como o número de servidores demitidos e as tomadas de contas especiais (o processo que apura se houve dano ao erário, a fim de que os culpados possam ser responsabilizados para ressarcir a administração).[2] Organizações da sociedade civil, como a Transparência Internacional, fundamentais para sugerir ações de enfrentamento à corrupção e de fortalecimento da transparência em todos os governos democráticos, criticaram a nova gestão e fecharam por completo a possibilidade de diálogo.

A política do governo Temer em relação à CGU não é um fato isolado. Combinada com a não indicação do primeiro da lista para o MP e a crítica pública à Lava Jato, o governo Temer, resultado do processo de derrubada da presidenta Dilma, marca uma inflexão evidente nos esforços de construção republicana realizada pelos governos petistas.

O esforço para estancar a sangria e frear a Lava Jato, celebrizado na gravação do telefonema entre o senador Romero Jucá e Sérgio Machado[3] como argumento em defesa do impeachment da presidenta Rousseff, era efetivado justamente pelo controle político direto sobre órgãos de controle como a CGU.

A tentativa de cercear politicamente os servidores da CGU revela vários dos elementos já discutidos. Em primeiro lugar, deixa claro que os servidores públicos, ainda que precisem agir com neutralidade, são atores sociais, não infensos a ter vínculos políticos e partidários e defender interesses específicos. Mas o que de fato importa aqui é a ingerência da política na burocracia, num claro desequilíbrio da relação entre ambas. Políticos que buscam interferir na burocracia e exercer controle sobre ela e seus valores têm sido largamente descritos por uma literatura atual que estuda populismo. Embora o caso em questão não seja de populismo, olhar para essa literatura ajuda a entender os problemas postos nesta tensão. Ao analisarem casos como Turquia, Hungria, Estados Unidos sob Trump e Venezuela, autores como Michael Bauer e colegas argumentam que um governo pode tentar minar a burocracia ao interferir em seus procedimentos, diminuindo sua capacidade de ação ou exigindo que a máquina tenha um alinhamento político. Foi isto que se viu nesse caso da CGU: uma clara tentativa de politizar a burocracia ao exigir dela um compromisso com o governo e não com o Estado, ou seja, com os políticos no comando naquele momento e não com as leis e o aparato administrativo.

Como garantir que uma entidade como a CGU, que integra o sistema de controle, tenha legitimidade se ela foi politizada, se seus servidores tiveram que tomar decisões baseadas não em elementos técnicos, mas em decisões políticas? Como assegurar a legalidade das decisões desses servidores se sua credibilidade foi posta em xeque? Esse é o tipo de questionamento que surge de um processo de interferência política na burocracia e que, no limite, pode levar ao enfraquecimento da burocracia e ao fortalecimento de governos autoritários e populistas — como várias pesquisas têm sinalizado.

8. Enccla e a Lava Jato

Quando Lula ganhou a eleição, antes da posse ele procurou seis personalidades para manifestar sua gratidão, seu respeito à história das lutas no Brasil e sua conexão com uma visão de país que sua chegada ao poder pretendia representar. Lula visitou dona Maria Amélia, viúva de Sérgio Buarque de Holanda e mãe de Chico Buarque; os economistas Celso Furtado e Maria da Conceição Tavares; Apolônio de Carvalho, militante histórico da esquerda brasileira e detentor da ficha número 1 de filiação ao PT; Evandro Lins e Silva, ex-ministro do STF e do governo João Goulart, e o escritor e ex-presidente da OAB Raymundo Faoro.[1]

Faoro, morto em 2003, foi uma grande inspiração para a gestão do primeiro ministro da Justiça do governo Lula, Márcio Thomaz Bastos. Tanto que o governo decidiu batizar a sede do Ministério da Justiça de Palácio Raymundo Faoro. Na cerimônia de mudança do nome, Lula mencionou a conexão da obra do homenageado com o programa do ministério: "É preciso voltar a acreditar que as instituições existem para servir e não para serem subalternas ao gosto daqueles que as comandam".

Mas não há dúvida de que o PT se elegeu apoiado no discurso anticorrupção. E, se é verdade que na primeira peça publicitária do marqueteiro Duda Mendonça, que tinha como slogan "Xô, Corrupção", ratos roíam a bandeira brasileira, numa abordagem mais moralista, a agenda implementada pelo governo foi muito mais voltada para a transformação das instituições. E o ministro Thomaz Bastos de certo modo encarnava essa visão, deixando claro que seu objetivo não era transformar pessoas desonestas em honestas, mas lutar por uma mudança das instituições. Republicano era o adjetivo da moda.[2] A ideia central era que era possível construir uma república baseada em relações impessoais como forma de combater o patrimonialismo descrito por Faoro.

A agenda do Ministério da Justiça, com a colaboração da recém-criada Controladoria-Geral da União (CGU), foi robusta. Instituiu o Departamento de Recuperação de Ativos e Cooperação Jurídica Internacional; fortaleceu a Polícia Federal (tanto com aumento expressivo dos investimentos em tecnologia quanto com aumento de salários e concursos); indicou para a Procuradoria-Geral da República o primeiro nome da lista tríplice votada pelos membros do MPF; estabeleceu um compromisso radical com a transparência. Em 2004 o Ministério da Justiça levou adiante a ousada ideia de expor na internet seus contratos e gastos, todos. Se hoje esse gesto pode parecer corriqueiro, ele era revolucionário e a CGU o usou como piloto para a criação do Portal da Transparência.

Além da agenda específica do Executivo, o Ministério da Justiça liderava uma mudança muito mais ampla, que exigia uma ação concertada entre os poderes. A criação da Secretaria de Reforma do Judiciário marcou o apoio ativo à aprovação da Reforma Constitucional do Judiciário (que tramitava desde 1992) e em especial à criação do Conselho Nacional de Justiça. Após a mudança da Constituição, foi criado o Pacto de Estado em Favor de um Judiciário mais Rápido e Republicano, assinado pelos chefes dos três poderes, com uma agenda legislativa e de mudanças institucionais.

Ainda mais ambicioso era o controle sobre a lavagem de dinheiro e a corrupção. Em 2003, sob a liderança do Ministério da Justiça, foi anunciada a criação da Estratégia Nacional de Combate à Corrupção e à Lavagem de Dinheiro, a Enccla.[3] Mecanismo inovador, consistia na reunião de dezenas de órgãos para criar em conjunto uma cultura de combate à lavagem de dinheiro no país. À época, o número de inquéritos e processos sobre lavagem de dinheiro era baixíssimo, e não havia nenhuma condenação. O Brasil, apesar de ter uma legislação desde 1998, não tinha nenhuma política de combate à prática nem tradição de enfrentamento ao tema. Um dos pontos nevrálgicos era a falta de coordenação entre os diversos atores (MP, polícia, Judiciário, bancos públicos e privados, Receita Federal...). Nunca se haviam aplicado políticas públicas ao Judiciário, por exemplo, cuja lógica predominante era cartorial: os processos eram tratados da mesma maneira, na ordem em que chegavam, por uma espécie de máquina inanimada do serviço público. Que sentido haveria em priorizar determinado crime?

A Enccla rompeu com isso. Os diversos órgãos foram chamados para um encontro de três dias, durante os quais seriam definidas metas amplas para o grupo e específicas para cada órgão envolvido, a serem cumpridas ao longo do ano. As metas incluíam mudanças institucionais em determinados órgãos, a adoção de novos sistemas ou até a elaboração de mudanças legislativas, a serem pactuadas entre os grupos presentes e apresentadas ao Congresso Nacional.

Da Enccla saiu a criação de um sistema eletrônico de bloqueio de contas bancárias que facilitaria os trâmites enfrentados pelo Judiciário. Antes, era necessário enviar ofícios a todos os bancos, receber os ofícios em papel com os dados sobre os bancos em que o réu tinha conta, para, posteriormente, determinar o bloqueio dos bens, sempre por ofício. Também saiu de lá a decisão de expandir os pregões eletrônicos, aumentar as varas especializadas em lavagem de dinheiro, criar um plano nacional de capacitação em lavagem de dinheiro (que treinou policiais, promotores e juízes em todo o Brasil) e laboratórios de combate à lavagem de dinheiro.

Além dessas medidas, a rede também negociava e propunha projetos de lei. A nova Lei de Combate à Lavagem de Dinheiro, a Lei Anticorrupção, a Lei de Organizações Criminosas, a Lei de Acesso à Informação são alguns dos exemplos de legislações que foram amplamente negociadas antes do debate com o Congresso Nacional.

O impacto da Enccla foi inegável. A capacidade do Estado brasileiro para combater corrupção e lavagem de dinheiro aumentou de forma exponencial a partir dos acordos feitos no âmbito da rede e na capacidade de coordenação que ela gerou. Mas como foi possível aproximar instituições que nunca se coordenaram? Quais os impactos que a Enccla gerou para o debate mais amplo das matérias ali discutidas?

Participei de vários encontros da rede a partir de 2004, o primeiro deles como assessor especial do ministro Thomaz Bastos, e o último, em 2010, como secretário nacional de Justiça. O que me impressionou desde o princípio era a relação entre os atores presentes. Não me refiro a funcionários de alto escalão, como ministros de tribunais superiores, que muitas vezes compareciam apenas à abertura ou ao encerramento do evento. Mas a um grupo amplo de funcionários da CGU, do TCU, da Receita Federal, do Banco Central, da Polícia Federal, advogados da União, procuradores, promotores, juízes, que passavam esses três dias juntos, em geral em algum resort de uma cidade turística.

Nesses três dias, além das inúmeras reuniões para definir metas e apresentar resultados, criavam-se laços bastante fortes

— muitas vezes mais fortes do que aqueles com os órgãos de origem —, que estabeleciam um compromisso entre os atores. Posteriormente, reuniões de monitoramento das metas ocorriam com certo nível de informalidade inusual para Brasília, claramente construída durante os encontros anuais.

Nesses encontros, conheci futuros protagonistas da Lava Jato. E presenciei como as relações se formaram. E não me refiro apenas a Curitiba, mas a toda uma comunidade de funcionários de diversas carreiras que começavam a criar um éthos específico de servidores concursados que tinham a missão de livrar o país da corrupção. Pouco a pouco fui reparando — impressão acentuada no primeiro encontro depois do escândalo do mensalão — que esse grupo de servidores, alguns do Executivo, como os funcionários da CGU, AGU ou Receita, e outros do MP ou do Judiciário, estabeleciam certa distância entre eles e nós, que não éramos concursados. Era como se eles representassem o Estado e nós o governo. E aquela agenda que estava sendo construída deveria ser feita pelo Estado e apesar do governo. Ou contra o governo?

É curioso notar que em 2003 esses funcionários, cujas opiniões eram muito pouco valorizadas em seus espaços de trabalho, estavam em sua maioria em órgãos bastante sucateados, com salários baixíssimos e escassos concursos recentes. É o governo que lhes dá palco e lhes confere certo status. São políticas ativas do governo Lula, do Ministério da Justiça, da CGU, entre outros, que não apenas apostam na valorização profissional desses servidores e no investimento para melhorar suas condições de trabalho como criam a própria Enccla. Essa coordenação entre servidores nunca surgiria — nem poderia surgir — a partir da organização deles próprios. Ela é parte desse projeto de inspiração faoriana, liderado pelo Ministério da Justiça, que usa seu prestígio público e sua legitimidade política para permitir que se articulem políticas com o intuito de transformar as instituições públicas.

Mas essa distância estabelecida com os servidores não concursados era menor do que com outros atores políticos. Conosco havia uma disposição para o debate. E também certa intimidade forjada com o passar dos anos. Mas a acidez da visão sobre a classe política como um todo ia ficando cada vez mais patente. E mesmo servidores públicos concursados que exerciam cargos de confiança relativamente altos na administração muitas vezes se sentiam como se devessem mais lealdade àquele grupo de centenas de servidores que se encontravam nos espaços da Enccla do que ao posto que ocupavam. Sentiam orgulho em dizer que haviam conseguido convencer seus chefes a aceitar pontos acordados naquelas reuniões.

E como as agendas da Enccla se formavam? Quem definia as prioridades? No início, durante a gestão Márcio Thomaz Bastos, havia um acompanhamento mais de perto do próprio ministro e de seu gabinete, mas pouco a pouco foi acontecendo um processo de autonomização da agenda. E o Executivo tinha um peso menor nessa definição. Ou melhor, o Executivo ainda tinha muito peso, mas era quase um contrapeso, tentando trazer outros pontos de vista enquanto ia se cristalizando essa visão cada vez mais autonomizada de servidores públicos.

E como se pautavam essas visões autonomizadas? Elas derivavam sobretudo de uma agenda internacional de combate à corrupção. Os grupos de acompanhamento das convenções das Nações Unidas, da OEA, da OCDE, além das reuniões do GAFI[4], tinham mecanismos para estabelecer agendas a partir dos compromissos internacionais firmados e cobrar dos países signatários avanços nas implementações das convenções.

Esses grupos se reuniam em cidades como Washington, Paris ou Viena. O Brasil enviava servidores que, em grande medida, eram aqueles que participavam da Enccla. Eles eram apresentados a agendas formuladas por funcionários dessas organizações e também pelos representantes de alguns dos governos presentes. As agendas não eram necessariamente a expressão direta das convenções ou acordos assinados pelo Brasil; eram muitas vezes propostas de implementação que exacerbavam — e muito — o texto assinado. E os servidores se comprometiam a voltar no ano seguinte apresentando avanços reais na agenda discutida.

Um dos casos que mais me impressionou foi o debate sobre o terrorismo. Quando o governo Dilma apoiou a aprovação do projeto de lei que criminalizava o terrorismo, escrevi um texto criticando a medida, mostrando que a aprovação viera diretamente dos funcionários do Ministério da Fazenda que participavam das reuniões do GAFI:

[...] o FATF (Financial Action Task Force) também conhecido pela sigla francesa GAFI [...] criado para aprimorar a cooperação internacional no combate à lavagem de dinheiro, ganhou superpoderes em 2001 ao se tornar também responsável por medidas financeiras de combate ao terrorismo.

O FATF fez uma série de recomendações aos países e publicou uma lista para divulgar aqueles que não as cumprissem. Estar na lista pode afetar seriamente o crédito de um país.

Durante o governo Lula, burocratas do FATF tentaram pressionar o Brasil para criar uma legislação específica de criminalização do terrorismo. Não conseguiram, pois essa não é uma das recomendações do grupo. A recomendação mais próxima a esse respeito é criminalizar o financiamento ao terrorismo, o que já vigorava no país. Como a criminalização do terrorismo não é uma recomendação oficial, o Brasil não poderia entrar para a lista por não adotar esse tipo de legislação.

Quando Joaquim Levy assumiu o Ministério da Fazenda, os burocratas do FATF retomaram as articulações. Embora a pauta fosse absolutamente ultrapassada, eles aterrorizaram o novo ministro, dizendo que haveria riscos de rebaixamento do Brasil caso não se aprovasse a criminalização do terrorismo — o que não era verdade. Levy, pressionado, convenceu a presidenta e o ministro da Justiça de que o país poderia entrar na lista se não adotasse uma legislação naqueles moldes, com consequências desastrosas para nosso crédito naquele momento. Então o governo enviou o projeto ao Congresso.

É verdade que o projeto fazia uma ressalva de que a lei não deveria ser aplicada a movimentos sociais legítimos, mas sabemos que a interpretação desse dispositivo pode ser flexível o suficiente para incidir sobre manifestantes que de terroristas não têm nada. O triste é que o Brasil, que resistiu a pressões enormes do governo Bush para adotar medidas que enfraqueceriam sua democracia, ficou de joelhos diante da burocracia de um órgão intergovernamental que nos fez ameaças que não poderia cumprir. O projeto, que teve origem em espaços bem pouco preocupados com a segurança ou com a democracia brasileira, ainda foi para o Senado, e esperava-se que os senadores resgatassem a soberania brasileira, barrando-o.

No mundo pós-Onze de Setembro, o medo do terrorismo corroeu sólidas instituições democráticas. No nosso caso, foi o temor gerado pelo ajuste fiscal que parecia disposto a cumprir esse papel. Hillary Clinton paga até hoje o custo político de ter apoiado as medidas antiterror de Bush. A história há de cobrar daqueles que, obedientes a um ministro da Fazenda submisso à burocracia internacional, aceitarem entregar parte de nossa democracia.

Esse exemplo talvez seja o mais radical. Muitas das medidas aprovadas pelo Congresso foram extremamente positivas. E tiveram, de fato, o condão de produzir instituições mais sólidas no combate à lavagem de dinheiro e à corrupção. A Secretaria de Assuntos Legislativos do Ministério da Justiça[5] sempre teve um diálogo produtivo com a Enccla. Em alguns casos tínhamos ampla coincidência de propósitos, como na Lei de Acesso à Informação. Em outros, e em especial quando se tratava de medidas da agenda mais punitiva, que a nosso ver poderiam ter impacto no aumento da população carcerária, éramos mais resistentes. Enfim, em alguns casos, nosso papel era apenas fornecer argumentos para melhorar alguns projetos e não aceitar de olhos fechados a agenda instituída.

De qualquer forma, interessa examinar esse processo de autonomização da burocracia justamente a partir do momento em que a política decidiu fortalecê-la. A Enccla descortinou esse processo de maneira cristalina. E também impulsionou o movimento mais radical de enfrentamento que essa burocracia autonomizada resolveu ter com a política, que foi a operação Lava Jato, ou até a cultura e as práticas dos órgãos de investigação e controle que deram origem à Lava Jato.

A informalidade dos diálogos da Vaza Jato já vinha se construindo em toda essa comunidade de combate à corrupção que atravessava setores do Executivo, do MP e do Judiciário e que se unia na visão de que esses servidores, legitimados por seus concursos públicos e pelas redes internacionais das quais faziam parte, tinham a responsabilidade de expurgar a política da república.

Mais uma vez se constata o desequilíbrio entre a técnica e a política, mas nesse caso a pretensa primazia da primeira vai além. E para entendê-la é importante retomar as ideias de Bourdieu: a burocracia não age apenas como um grupo de servidores públicos que defendem as leis em detrimento da política, para resguardar o Estado, mas é uma força social que se aproveita de sua posição e dos capitais que detém para auferir ganhos políticos — mesmo que isso signifique ir contra a própria política.

Para entender o caso, importa relembrar quem compõe a burocracia brasileira, sobretudo a que ocupa cargos no sistema de Justiça e no MP. De acordo com o censo do magistrado brasileiro, 62% dos magistrados são homens; 65% deles nasceram em estados do Sul e Sudeste do país; 80,3% se declaram brancos; mais de 20% possuem familiares magistrados e 51% possuem familiares em outras carreiras do direito. A média salarial dos magistrados é de 35 mil reais, sendo que em 2020 cerca de 8 mil juízes receberam mais de 100 mil reais em um mês. Esse valor está bem acima do teto constitucional e é fruto do acúmulo de diversas regalias garantidas aos membros do Judiciário — auxílio-moradia, auxílio-escola para os filhos, horas extras, venda de férias. Perfil parecido pode ser encontrado no MP. Segundo a pesquisa "Ministério Público: Guardião da democracia brasileira" elaborada pelo CESeC em 2017, 70% dos promotores e procuradores são homens e 76% são brancos. De origem social alta, oriundos de famílias com nível superior bem acima da média nacional. O salário de entrada é de 24 mil reais.

Ou seja, essa burocracia representa um grupo muito específico da sociedade — homens brancos, com alta renda, do Sul e Sudeste do país, que conseguem resguardar seus próprios privilégios dentro da máquina estatal que lhes paga salários acima da média e muitas vezes acumulam um conjunto de regalias que os distinguem do restante da burocracia estatal e da própria sociedade brasileira.

Esses atores constituem uma força social que já detém capitais (sociais, econômicos e intelectuais) antes de ascender aos cargos públicos, mas que se vale de seus cargos e de sua posição dentro do Estado para se distinguir dos demais atores sociais. Na construção de redes de apoio entre esses atores, a ideia de força social fica ainda mais evidente. Ou seja, eles constroem e reforçam seus laços sociais a partir de espaços de sociabilidade que lhes permitem promover um apoio mútuo e fortalecer certas ideias dentro do Estado. Constituem-se, assim, como um grupo, uma força social que defende uma ideia e se legitima a partir do uso de capitais sobre os quais tem monopólio — por exemplo, a operação dos procedimentos que materializam o que é a Justiça, o que é o controle etc.

O fundamental é que, neste caso, as ideias defendidas pelo grupo são de desqualificação da política, travestida por uma sobrevalorização da técnica e da meritocracia, destes que se veem distintos dos demais e — moral e socialmente — melhores que os políticos. E esse processo no caso da Enccla se assemelha muito ao que vimos no caso da LAI com as burocracias do Itamaraty e do Exército, que também atuaram como força social que buscava resguardar seus interesses ao arrepio da política e do interesse público.

Assim, outra forma complementar de entender o fenômeno é vê-lo como uma força social que opera dentro do Estado brasileiro a partir das características desse Estado. O corporativismo e o insulamento burocrático são contaminados pela participação, mas não para que se transformem em direção ao universalismo de procedimentos, como de alguma maneira projetava a Constituição. Tampouco na forma de anéis burocráticos, como descreveu Fernando Henrique Cardoso — órgãos governamentais onde há uma burocracia insulada e técnica em estreita articulação com setores específicos da sociedade, especialmente a burguesia industrial, e que tinham como objetivo modernizar o capitalismo brasileiro. Aqui a participação empurra a burocracia na direção da política eleitoral, subvertendo por completo o sentido republicano da própria Constituição.

A análise do Poder Judiciário e do Ministério Público pode ser proveitosa. Ao longo do período aqui examinado, houve uma clara valorização das carreiras do Judiciário e do MP — com o primeiro, o Brasil gasta hoje 1,3% do PIB, ao passo que Portugal, França, Inglaterra, Argentina, Chile, Colômbia, Alemanha, Estados Unidos e Itália desembolsam menos de 0,4%. Além da valorização salarial, uma série de medidas foi tomada nos últimos governos no sentido de aumentar o peso político de todas as instituições públicas que tinham por missão o combate à corrupção — como a própria criação da Enccla.

O processo pelo qual estamos passando mostra uma ocupação da máquina por um grupo social que, uma vez dentro dela, logra aumentar ainda mais seus privilégios e garantir sua legitimidade por integrar a burocracia. Assim, lembrando Faoro, a história do Estado brasileiro pode ser vista como o domínio que nele exercem as elites econômicas, com o objetivo de fortalecer a si próprias. O Estado foi "tomado pela camada dirigente como seu", conforme apontou Fernando Haddad ao falar de Faoro em um artigo publicado na revista *piauí*.[6] Nessa captura da estrutura estatal, o patrimonialismo pode abarcar até mesmo os encarregados de combater a corrupção.

Em *A política da Justiça: Blindar as elites, criminalizar os pobres*, Luciana Zaffalon, supervisora-geral do Instituto Brasileiro de Ciências Criminais (IBCCRIM), investiga como o patrimonialismo estrutura as relações entre o Executivo estadual, o Judiciário e o MP. O livro se atém ao caso paulista, mas sua análise pode ser útil a todo o país. A autora mostra como as vantagens que juízes e promotores de São Paulo receberam têm origem em créditos suplementares aprovados pelo Executivo estadual sem a aprovação da Assembleia Legislativa — o que é vedado pela Constituição Estadual —, negociados de modo a estabelecer uma relação de submissão do Judiciário ao Executivo. Ou seja, o Judiciário estadual se inclina favoravelmente ao governo do estado ao julgar ações contra ele, em troca de vantagens em seus vencimentos. O fato de membros do Judiciário, aprovados em concursos públicos e com a missão de combater a corrupção, receberem vantagens acima do teto estabelecido pela Constituição e as negociarem com o Executivo (que às vezes é suspeito de corrupção) de forma pouco transparente reflete as armadilhas que o fetichismo da técnica impõe ao país. Parece contraditório falar de clientelismo e corporativismo quando se trata de servidores públicos concursados em processos seletivos isonômicos sob a égide de uma Constituição democrática. No entanto, os padrões que regem o funcionamento do Estado brasileiro não foram extintos com a CF, mas foram revestidos de novas feições e operam com novas dinâmicas. De tal modo que a ideia de Estado clientelista e corporativista pôde continuar operando em partes do país mesmo depois de 1988, camuflada pela mística da superioridade técnica e meritocrática. No caso da Lava Jato, vemos servidores públicos concursados, mas que representam uma força social que acessa (e por vezes monopoliza) um conjunto de capitais, valendo-se de sua posição para concretizar sua legitimidade dentro do Estado, mesmo que isso sirva para usurpar recursos do Estado e minar a própria política ou agir de forma contrária ao interesse público.

Olhando pelo prisma dos padrões propostos por Edson Nunes, a Lava Jato se constrói em um processo de insulamento burocrático (forjado pela Enccla), apoiada pelo sentido corporativo reforçado pela reforma do Estado realizada no governo Lula, com universalismo de procedimentos típico das atividades judiciais, mas se choca com a gramática da participação e a lógica clientelista. E avança sobre os dois padrões equiparando-os, ou seja, tratando a democracia como se fosse equivalente ao clientelismo. E, depois de conseguir derrubar o governo e impedir a candidatura do líder nas pesquisas, parte para a disputa política à luz aberta, se aproveitando dos ventos do padrão da participação. Num primeiro momento com a adesão de Moro ao governo Bolsonaro e, posteriormente, com a tentativa de postulação de candidatura do ex-juiz à presidência da República.

Fica claro como foi possível que o corporativismo fosse reforçado ao mesmo tempo que o insulamento burocrático produzia reformas para fortalecer as instituições republicanas e o universalismo de procedimentos. Que o clientelismo florescesse ao mesmo tempo que o aumento da participação produzia seus melhores frutos. E assim o malabarismo entre os padrões de relacionamento entre Estado e sociedade segue vivo. A participação desorganiza o equilíbrio anterior. Mas faz isso de forma não necessariamente positiva, da mesma maneira que, como aponta Edson Nunes, o aparecimento de cada um dos padrões anteriores tensiona os equilíbrios com elementos positivos e negativos para o desenvolvimento econômico e democrático do país.

PARTE IV
DEMOCRACIA EQUILIBRISTA:
POLÍTICA E TÉCNICA NA PROMOÇÃO
DA DEMOCRACIA

9. Pensando o Direito

Em janeiro de 2003 eu me mudei para Brasília. Início do governo Lula. Havia notadamente uma escassez de quadros para compor o primeiro governo de esquerda desde a redemocratização, e eu já tinha trabalhado um ano na prefeitura de São Paulo. Talvez por isso o recém-eleito senador Aloizio Mercadante tenha me convidado para ser seu assessor. Eu estava com 22 anos e acabava de sair da faculdade.

Único assessor jurídico da liderança do governo no Senado, cabia a mim redigir, toda semana, um documento a respeito dos projetos que seriam votados na principal comissão da casa, a Comissão de Constituição e Justiça (CCJ). Em muitos casos minha função consistia basicamente em consolidar as posições dos diferentes ministérios sobre os projetos em pauta (às vezes contraditórias, mas isso é outra história) e produzir argumentos para os senadores da base defenderem as posições do governo.

Acontece que, embora muitas vezes o governo não emitisse opinião sobre os projetos, os senadores ficavam à espera de uma orientação (ainda que ocasionalmente eles discordassem dela, mas a praxe era que a liderança do governo se posicionasse sobre cada projeto, ou ao menos oferecesse uma análise a respeito). Quando isso ocorria, eu precisava preparar um documento para que o senador Mercadante, como líder do governo, avaliasse a conduta a ser defendida na CCJ. Eu não tinha a menor pretensão de opinar sobre a maioria dos assuntos então discutidos. E mesmo quando a postura do governo era inequívoca, minha função era buscar argumentos para defender os projetos. O material que recebíamos dos ministérios muitas vezes não trazia uma argumentação completa sobre os temas.

A pressão envolvida no debate de uma comissão não autoriza deslizes. Se o líder do governo ou outros senadores da base governista não estiverem preparados para o embate direto com a oposição, pode haver um massacre em praça pública, já que tudo é transmitido ao vivo pela TV Senado. Ou seja: o debate parlamentar exige uma bagagem argumentativa muitas vezes mais pesada do que a que cabe ao Executivo, por exemplo, que tem mais tempo para elaborar os projetos, e sobretudo pode escolher os tempos e, em alguma medida, determinar as agendas.

Foi um grande aprendizado. Não só pude perceber a necessidade de construir argumentos sólidos e antecipar os argumentos contrários como me dei conta de que havia um espaço real de persuasão entre os senadores. Durante o governo Lula, o Senado era e foi muito polarizado. A oposição teve maioria algumas vezes, a tensão era grande. O presidente da CCJ sempre foi da oposição no primeiro mandato de Lula (Edison Lobão e Antônio Carlos Magalhães, ambos do PFL). Mas é evidente que é descabido o cotejo com o atual nível de polarização da política brasileira. Não vou, pois, extrapolar essas lições para a realidade de hoje no Congresso.

Mesmo em um cenário de disputas aguerridas como as que ocorriam no Senado naquele começo dos anos 2000, uma das coisas que mais me surpreendeu foi o nível do debate entre os senadores. Como assessor, minha estratégia foi buscar outras fontes de informação para aprofundar a argumentação em torno dos projetos. Na minha autoconfiança de jovem homem branco, eu passava a mão no telefone e ligava para especialistas e professores, procurava referências, lia por horas para estruturar os melhores argumentos. E percebia que, quanto mais sólidos os argumentos, maiores as chances de evitar a polarização governo/oposição e transformar a conversa num debate sobre políticas públicas, escolhas distributivas e interesses republicanos.

O Senado é um espaço relativamente pequeno, são apenas 81 senadores, dos quais 27 integram a Comissão de Constituição e Justiça. Como a convivência semanal permite que os assessores conheçam bem os senadores e sejam chamados para negociações, assisti de perto a muitas discussões de leis importantes, como Estatuto do Desarmamento, Estatuto do Idoso, Estatuto do Torcedor, Lei de Falências, Reforma da Previdência, Reforma do Judiciário... Em todos os debates foi possível negociar trechos com senadores da oposição, ouvir e propor argumentos que de fato modificaram o texto final.

Foi uma experiência transformadora. A possibilidade de construir debates bem argumentados ao longo do processo legislativo passava a léguas de distância da imagem que eu tinha do Legislativo — e até da política — antes de trabalhar no Senado.

Evidentemente existem projetos que refletem com mais nitidez os interesses da oposição e do governo. Era comum, nesses casos, que fora dos espaços públicos de debate um parlamentar da oposição me dissesse que o argumento do governo era bom, mas que ele teria de votar contra. Era quando as votações se alinhavam mais claramente a partir da clivagem oposição/governo. Mas, na minha experiência, era frequente o debate acontecer, e os argumentos tinham poder real de persuasão.

Foi justamente por meu trabalho na Reforma do Judiciário (Emenda Constitucional 45) que o ministro Márcio Thomaz Bastos me convidou para ser seu assessor especial. Deixei o Senado mas continuei a participar de negociações de projetos legislativos no Congresso. Minha experiência pregressa havia forjado minha forma de lidar com essas negociações. Eu ainda não havia feito meu mestrado em direito e meu doutorado em ciência política, quando então entrei em contato com a literatura da Organização Informacional, que tem Keith Krehbiel entre seus principais autores. Para Krehbiel, existe uma assimetria de informação entre os atores que participam de um processo de negociação. Alguns, legisladores ou não, têm mais acesso a informações que podem de fato prever os impactos reais de determinada legislação. Há legisladores que se especializam em um tema, e há lobistas e grupos de interesse. Graças a essa assimetria de informação, criam-se comissões especializadas.

Mas neste contexto vale olhar para o papel do governo, cuja capacidade de produzir informações é muito maior que a dos legisladores. Por melhor que seja a assessoria de um parlamentar, ela nunca terá as condições de produzir informações que têm um ministério, um banco público, uma agência governamental. E os legisladores passam muitas vezes a confiar em técnicos do governo para elaborar seus pareceres e emitir suas opiniões. Isso ocorre inclusive com legisladores da oposição.

Acontece que é evidente que existe uma tensão. Por mais que o governo possa apresentar um argumento técnico, possa produzir dados que incrementem a complexidade da análise de impacto de uma proposição legislativa, o governo não é um agente neutro no debate: sua posição política representa um viés cristalino na forma como a informação é apresentada.

E essa é uma questão crucial. Como impedir que o evidente descompasso do grau de informações entre o governo e os parlamentares não delegue ao primeiro o completo controle do debate, afetando a autonomia do Parlamento? Não cabe aqui discutir o papel do governo em negociações que envolvem cargos ou emendas parlamentares; estamos falando de projetos, talvez o grosso deles, que não estão necessariamente na lista de prioridades do governo nem têm necessariamente enorme impacto fiscal para serem tratados como prioritários, mas que, ainda assim, muitas vezes dependem de análises e dados que o governo tem muito mais condições de responder. Embora a Câmara e o Senado disponham de consultorias bastante qualificadas, aptas a fazer análises elaboradas sobre temas técnicos, a capacidade da máquina governamental de produzir informações é incomparável.

Ou seja, no debate legislativo existe uma tensão entre o Legislativo e o Executivo: o primeiro precisa do segundo para produzir informações e ao mesmo tempo não pode confiar nele como fonte independente. É uma tensão muito debatida na literatura, em especial na organização informacional, mas intuitivamente já era possível perceber esse clima, e isso me fez pensar em estratégias específicas para o debate com o Congresso.

Independente do tema, chegar com um parecer do governo, por mais bem elaborado que fosse do ponto de vista técnico, inspirava sempre algum tipo de desconfiança. Assim, percebi que algumas fontes externas ao governo poderiam gerar informação de qualidade e superar a desconfiança de alguns setores do Parlamento.

O primeiro momento em que me dei conta disso mais diretamente, já no Ministério da Justiça, foi quando encomendamos ao Ilanud (Instituto Latino-Americano das Nações Unidas para a Prevenção do Delito e Tratamento do Delinquente), que à época mantinha uma sede no Brasil, um estudo para avaliar o impacto da Lei de Crimes Hediondos na diminuição da criminalidade no país. É evidente que o ministério tinha condições técnicas e acesso a dados para produzir um relatório sobre o tema, mas era importante que o relatório fosse feito por uma organização independente. E o Ilanud cumpriu bem esse papel. O estudo demonstrou que a lei não teve qualquer impacto na redução da criminalidade e ajudou a produzir superlotação carcerária. Nesse caso, o alvo direto nem era uma mudança legislativa. O ministro Thomaz Bastos levou o parecer ao STF, que julgou inconstitucional parte da lei, tomando o estudo como uma referência importante. O estudo cumpriu papel importante no debate, em seguida no Legislativo, para produzir ajustes na legislação após a decisão do STF.

Assim, quando a Secretaria de Reforma do Judiciário do Ministério da Justiça enviou ao Congresso um pacote de reformas do Código de Processo Civil — que faziam parte do Pacto de Estado em Favor de um Judiciário mais Rápido e Republicano, firmado pelos chefes dos três poderes em 2004 —, propus que fizéssemos um seminário com economistas, na USP, para explicar o impacto que as mudanças (principalmente as que agilizavam o processo de execução de dívidas) poderiam ter na redução dos juros ao consumidor.

A apresentação de vários economistas, que expuseram estudos bem embasados, repercutiu nos cadernos de economia e foi um motor importante para que os projetos fossem incorporados à agenda de melhora do ambiente econômico do país. Munidos das notícias que saíram nos jornais, junto com a Secretaria de Reforma do Judiciário levamos ao Congresso os argumentos debatidos, que indicavam que a aprovação dos projetos possibilitaria a queda de juros, o que acabou criando uma base de apoio para que os projetos caminhassem.

Essas experiências me fizeram perceber que quando se está em uma agência governamental que não participa diretamente das barganhas políticas com parlamentares (que podem envolver cargos ou emendas, por exemplo), é importante criar estratégias para estabelecer um espaço de debate. E essas estratégias passam por buscar fontes independentes de informação que possam gerar confiança em parlamentares da oposição. Quando, no início de 2007, assumi a Secretaria de Assuntos Legislativos, pude de fato pensar na criação de espaços argumentativos de debate entre o Congresso e o Executivo como uma política pública.

A posição de secretário de Assuntos Legislativos era curiosa. A missão da secretaria, extinta no governo Temer, era focada nos projetos de lei: formulava-os no Ministério da Justiça, dava parecer no Congresso sobre aqueles que tivessem relação com o ministério, avaliava todos os que eram encaminhados a sanção ou veto do presidente. Essa gama ampla de assuntos sobre os quais a secretaria precisava se manifestar exigia de seus ocupantes uma postura muito aberta. Antes de mais nada, era necessário reconhecer a impossibilidade de dominar todos os elementos técnicos da lei que estava sendo avaliada ou que seria formulada. E era fundamental contar com ajuda externa.

O principal instrumento para buscar apoio de especialistas de fora foi a criação do Pensando o Direito, um projeto que abria editais para selecionar universidades que fizessem pesquisas sobre um tema específico, do interesse da secretaria. O objetivo era constituir um grupo de universidades que exercessem um duplo papel. Por um lado, nós reconhecíamos nossa incapacidade de opinar, com profundidade e rapidez, sobre todos os temas. Grupos de pesquisa qualificados, que já vinham trabalhando sobre as questões, poderiam fornecer análises que nos ajudariam a elaborar projetos de leis e tomar posições. Por outro, poderíamos apresentar ao Congresso fontes independentes e com credibilidade para fortalecer o espaço argumentativo de negociação com o Legislativo.

Os editais estabeleciam temas específicos, que derivavam das necessidades concretas da secretaria de elaborar ou debater propostas normativas; comissões de seleção eram então compostas, com professores respeitados, ministros de tribunais superiores e juristas reconhecidos. E os centros de pesquisa selecionados tinham a obrigação de realizar uma investigação mais aprofundada sobre o tema (cujo projeto já havia sido submetido como parte do processo de seleção) e também respondiam, num prazo mais curto, a perguntas objetivas que surgiam no Congresso enquanto o projeto caminhava.

Assim, ao final do processo, a secretaria não só dispunha de um material robusto, com dados e argumentos sobre um tema relevante, como também recorria aos pesquisadores quando, diante de projetos ou debates com o Congresso, precisávamos dar respostas rápidas. Também era frequente chamarmos os professores e professoras para participar de conversas com congressistas, de modo a, mais uma vez, expandir o espaço argumentativo na relação entre o Executivo e o Judiciário.

Os temas selecionados variavam tanto quanto era abrangente a competência do Ministério da Justiça. De tráfico de drogas a direito do consumidor, de propriedade intelectual ao debate sobre a existência de pena mínima, de direitos humanos a conflitos coletivos sobre a posse, de direito urbanístico a responsabilidade penal da pessoa jurídica, de direitos das mulheres a direitos dos povos indígenas.

O projeto qualificou imensamente o trabalho da secretaria e criou uma rede com os melhores pesquisadores em direito do país, que discutiam sobre assuntos que efetivamente estavam sendo debatidos no Congresso. Um exemplo da interação que o projeto gerava pode ser ilustrado pelo trabalho sobre responsabilidade penal da pessoa jurídica.

Havia uma pressão grande, no contexto da Enccla, para que o governo aprovasse um projeto que estabelecesse a responsabilidade penal da pessoa jurídica em casos de corrupção. Não é um debate simples. Estabelece-se que determinada conduta é crime, e o Estado pode restringir a liberdade de quem cometer aquele ato. Com a criação de pessoas artificiais — as pessoas jurídicas —, surge a discussão: uma pessoa jurídica, uma empresa, pode cometer um crime? Claro que gestores ou empregados podem cometer crimes e podem ser responsabilizados. Mas pode uma empresa cometer um crime? Empresas podem praticar condutas ilícitas e recebem multas por isso. Mas o direito penal é todo construído a partir da ideia de autorizar o Estado a restringir a liberdade. Por isso ele pressupõe uma série de garantias a quem está sendo processado, para assegurar que o Estado não possa atacar a liberdade (ou até a vida) de maneira arbitrária.

A pesquisa, que foi realizada pela Escola de Direito de São Paulo da Fundação Getulio Vargas, analisou a jurisprudência sobre o assunto e realizou cinquenta entrevistas com gestores e funcionários de empresa. Ao final, concluiu que a responsabilização penal da pessoa jurídica não teria qualquer efeito sobre a corrupção. Medidas administrativas (como multas, penas que não são consideradas criminais) seriam muito mais efetivas.

A jurisprudência (existe responsabilidade penal da pessoa jurídica no âmbito ambiental) mostrava que, justamente porque o direito penal oferecia muitas garantias ao réu, a punição era muito mais efetiva quando restrita ao âmbito administrativo. E as entrevistas mostraram que as medidas penais só tinham algum efeito dissuasório em executivos quando se tratava de medidas individuais — a responsabilidade penal da pessoa jurídica não era vista como mais ameaçadora para evitar uma conduta do que a multa dada no âmbito administrativo.

Com essa pesquisa em mãos, foi possível convencer tanto colegas do Executivo, particularmente na Controladoria-Geral da União, quanto deputados envolvidos com o tema de que a melhor forma para enfrentar o problema era a responsabilização administrativa das empresas envolvidas em corrupção e não a criação de uma responsabilidade penal da pessoa jurídica. E essas medidas foram incorporadas ao projeto que acabou se transformando na lei 12 846/13, a Lei Anticorrupção. Abrindo a possibilidade inclusive para o fortalecimento de serviços de *compliance* dentro das empresas e promovendo uma importante mudança cultural no debate corporativo.

A relação entre os pesquisadores e o debate legislativo se aprofundou muito ao longo do período em que o Pensando o Direito funcionou na SAL. A secretaria ganhou relevância no debate público dentro do governo, no Parlamento e na sociedade civil, e foi possível avançar uma série de pautas naqueles anos a partir da credibilidade que se criou de que a secretaria poderia trabalhar espaços argumentativos no debate legislativo.

Uma das grandes lições foi a aliança das visões técnicas com a política. O pressuposto do Pensando o Direito era dar autonomia total às universidades, mesmo que isso contrariasse as visões políticas da secretaria: nunca haveria interferência no trabalho desenvolvido pela academia. Mas, uma vez concluído, a secretaria fazia a articulação entre o trabalho técnico e a discussão política.

Acreditar que a produção de informação de qualidade dê conta de implementar uma política pública é ignorar a necessidade democrática de justificar as escolhas políticas nos espaços institucionais adequados — seja no Congresso, seja no debate público em geral. E construir políticas públicas sem um trabalho técnico aprofundado permite que grupos de interesse sequestrem a agenda por completo, além de diminuir as chances de alcançar os objetivos propostos. Mas o que esse processo nos ensina é que a aposta em fontes independentes de produção de informação muitas vezes desloca a disputa política para o campo argumentativo, fazendo não com que se substitua a política pela técnica, mas com que os campos distintos tenham que assumir publicamente seus objetivos e a técnica sirva para que a política se concretize de forma democrática.

Mas nem todos acham positiva essa permeabilidade entre técnica e política, entre servidores em cargos de confiança e servidores públicos, e mesmo entre a academia e o serviço público. Há muitos setores dentro do funcionalismo público que veem essa interpenetração como uma ameaça. Exemplo disso foi quando recebi uma notificação de uma associação de classe da Advocacia-Geral da União (AGU) dizendo que se encerrasse o programa Pensando o Direito, pois ele seria inconstitucional. A violação à Constituição estava em um suposto desrespeito a seu artigo 131, que dispõe sobre a AGU. Lá está escrito que cabem à AGU as atividades de consulta e assessoramento jurídicos do Poder Executivo. Para a associação de classe que me notificou, a atividade de pesquisa jurídica fomentada pelo projeto era monopólio da AGU. Ou seja, o Executivo não poderia escutar e interagir com o conhecimento produzido nas universidades porque todo conhecimento jurídico, todo argumento jurídico, deveria provir unicamente da AGU.

É evidente que essa é uma interpretação jurídica estreita, corporativa e que não contribui em nada para o fortalecimento das instituições democráticas ou para a construção de políticas públicas. Mas é uma interpretação corrente na AGU e com sérias consequências para todo o debate sobre direito e políticas públicas no Executivo. O ataque da associação de classe da AGU contra o Pensando o Direito só pode ser compreendido num contexto de tentativa de autonomização da AGU e de busca de monopólio da organização sobre as ações relativas ao direito. E nada poderia ser mais grave para essa visão de monopólio das opiniões jurídicas que um projeto que se propunha a democratizar o debate jurídico por meio do envolvimento de diversas universidades de todo o país. Mesmo que a opinião das universidades não fosse vinculante. Ou seja, o governo não seria obrigado a aplicar a perspectiva levantada pelas universidades. O projeto, porém, evidenciava que existem outras visões. E que elas devem ser consideradas pelos servidores públicos que estão formulando políticas públicas.

As políticas públicas e a própria política podem ter ganhos concretos quando se aliam à técnica, aprimorando os processos decisórios a partir de evidências. A proveitosa relação entre a SAL e as universidades revela as potencialidades que o respaldo em evidências pode trazer para os tomadores de decisão, qualificando suas alternativas e a forma como irão decidir. Como demonstrou o Pensando o Direito, na ação conjunta entre ministério e universidades houve um encontro das visões técnicas com a política, as primeiras com autonomia para apresentar alternativas e a segunda com o papel de escolher e justificar a alternativa mais viável politicamente e que contribuísse com o interesse público.

A participação trouxe um elemento virtuoso para o novo equilíbrio de padrões de relacionamento entre sociedade e Estado. Um debate público aberto feito a partir de pesquisas científicas provocou uma aliança do processo democrático com a produção técnica de qualidade que deixa clara a capacidade, em casos específicos, de os debates públicos no Congresso prescindirem da dinâmica do clientelismo ou do corporativismo.

No entanto, apesar de esse caso se mostrar exitoso por um ângulo, por outro, quando a AGU decide agir, a burocracia escancara sua face obscura. A AGU é mais um exemplo de autonomização da burocracia a partir do momento em que os agentes políticos, como força social, valorizam as próprias carreiras. Assim como outras entidades, a AGU viveu um processo de valorização crescente ao longo do governo Lula, com um aumento no número de servidores e um reajuste considerável dos salários,[1] que chegou a cerca de 500% no caso do salário inicial dos advogados-gerais da União. Ao final do governo Lula, a AGU se tornou uma das mais prestigiadas organizações da Esplanada. E esse prestígio fortaleceu a ideia de autonomização da entidade e de atuação da burocracia como força social.

O que se nota também é que esses funcionários, agora valorizados em suas funções por conta das decisões políticas do governo, incorporaram a discussão de fortalecimento republicano das instituições, mais frequente a partir do início do governo Lula. Mas a perspectiva republicana é aqui uma perspectiva que exclui a democracia. Servidores públicos bem formados, aprovados em concursos públicos difíceis, estariam autorizados, nessa perspectiva, a conduzir a nação com mais autoridade do que políticos eleitos em eleições com participação de dinheiro ilegal ou indicados por processos promíscuos. Ou seja, essa é uma visão de república que se opõe — e não complementa — à democracia.

A autonomização, no caso da AGU, se manifesta também em algumas propostas legislativas, como a emenda constitucional para dar autonomia à Advocacia da União. Segundo essa proposta, a AGU teria, assim como o MP ou o Judiciário, autonomia orçamentária e funcional para não ser dependente do Poder Executivo. A diferença é que a AGU exerce justamente a advocacia para o Poder Executivo. E não existe advogado autônomo de seu próprio cliente. Outra proposta legislativa queria impedir que consultores jurídicos dos ministérios pudessem ser advogados de fora dos quadros da AGU.

No fundo, essas duas propostas conferem à AGU a autoridade para dar a única resposta jurídica correta a uma questão envolvendo o Executivo. Assim, se há apenas uma resposta correta, republicana, é importante proteger os espaços de decisão jurídica das outras visões, vindas da política ou de interesses privados que eventualmente corromperiam a visão correta. É a ideia da burocracia como uma força social que se distingue das demais por deter o poder sobre certos processos. No entanto, essa visão não é compatível com a democracia. Afinal, há mais de uma análise jurídica correta, a depender da visão de mundo (ou visão política) do intérprete. A demarcação de uma terra indígena, a possibilidade de estabelecimento de sigilo eterno para informações estatais, o estabelecimento de cotas para negros no serviço público são alguns exemplos de como visões políticas distintas produzem análises jurídicas distintas. Ou seja, a tentativa de distinguir as análises jurídicas de decisões políticas, evocando um direito neutro, inviolável e superior ao resto, não é apenas equivocada, mas também antipolítica e antidemocrática. Assim, atribuir à AGU, de forma autônoma, a competência de formar a opinião jurídica do governo é desconsiderar o processo democrático. A melhor solução jurídica será aquela que consiga dar forma lícita à visão política que tenha vencido as eleições.

A existência de servidores públicos concursados ocupando a maior parte dos cargos no setor público é, sim, um elemento fundamental da construção de um Estado republicano. Não existe democracia sem burocracia, lembra Weber. Mas, se esse Estado não está subordinado à visão política dos eleitos, a democracia não está sendo o motor da construção de políticas públicas.

Também é necessário questionar a ideia de que os servidores públicos concursados irão prover uma visão neutra do direito. A visão deles também será política, mas ela não passará pelo controle democrático do processo eleitoral.

É necessário ressaltar e compreender que, como consequência do processo democrático, o serviço público — nesse caso particular, a AGU — deve estar subordinado às ideias políticas do governo que venceu nas urnas, mas isso não significa de forma alguma que o governo de ocasião pode exigir que o serviço público trate a coisa pública como se fosse seu patrimônio privado. Defender a formatação jurídica de ideias vencedoras nas urnas é completamente diferente de proteger interesses privados dos governantes. Quando isso acontece, há evidente desvio de finalidade.

    Aprender a lidar com as tensões entre a política e a técnica é inerente ao fortalecimento da democracia e dos governos.

10. Estatuto dos Povos Indígenas

Há processos muito virtuosos na administração pública que, ao final, não resultam em mudança de política pública. Um dos mais interessantes de que participei quando trabalhei no governo foi a construção do Estatuto dos Povos Indígenas. O texto apresentado ao Congresso[1] era muito criativo, mas infelizmente o projeto não avançou. Enfrentava temas espinhosos, como exploração de atividades econômicas em terras indígenas, direito penal e seu conflito com as culturas nativas, entre outros. E o texto foi elaborado a partir de um debate intenso com as comunidades indígenas em dez seminários regionais realizados em distintas cidades do país.

Essa série de seminários aconteceu em 2008. Já em meu sexto ano de governo petista (sétimo, se contarmos o ano em que trabalhei na prefeitura de São Paulo), estava bastante habituado a processos participativos, tendo frequentado várias edições de conferências nacionais — Conferências da Juventude, da Moradia, da Mulher, de Segurança Pública, de Comunicações. Os processos eram sempre ricos e mudavam o rumo das políticas públicas do governo federal, assim como do debate no Parlamento.[2] Depois de tantas conferências, dá para perceber que existe um tipo de discurso, de fala, que acaba sempre vencendo as discussões. Uma fala carismática, bem articulada, que dá conta das diferentes questões levantadas, que entende as dinâmicas políticas do espaço. Durante o seminário sobre o Estatuto dos Povos Indígenas, um indígena pediu a palavra. Muito bem articulado, falando um português impecável, organizando bem os argumentos, era evidente que o discurso do rapaz ia prevalecer. Então um índio bem idoso pediu a palavra. Ele falava mal o português, com a voz baixinha. E começou contando uma história com pássaros, lua, talvez uma cobra. Para dizer a verdade, eu não conseguia entender direito. Mas o silêncio tomou conta do auditório. Todos prestavam uma atenção enorme. Aquele senhor acabou de falar e eu, apegado ao estilo de discurso que conheço e domino, achei bonita a fala, mas despropositada e sem a menor chance de influenciar o debate. Eu estava redondamente enganado. Aquela fala virou a discussão, que acabou sendo decidida de maneira oposta à que o jovem bem articulado defendia.

    Naquele momento compreendi realmente como nossa argumentação técnica está impregnada de um estilo (que inclui entonação da voz, vocabulário, referências culturais e muito mais) que é branco, masculino, heteronormativo etc. Ou seja, o discurso técnico já traz consigo opções políticas pelos mais favorecidos não apenas em seus conteúdos, mas em suas expressões, em seus maneirismos. Os argumentos favoráveis aos povos indígenas talvez nunca sejam tão bem defendidos por um advogado competente quanto serão por um ancião respeitado em sua comunidade. A impermeabilidade dos espaços de poder à política é também a impermeabilidade desses espaços a outros tipos de discurso e outras visões de mundo que não necessariamente se encaixam nos modelos de discurso e de discussão técnica empregados nos espaços de poder.

É claro que, por ter sido treinado em uma das melhores faculdades de direito do país, eu tive acesso a um repertório e a um estilo de discurso que possibilitou que minha voz, minhas ideias, fossem escutadas nos espaços de poder que frequentei. Ou seja, por eu ser branco, de família de classe média alta, paulista e homem, consegui ser ouvido e promovido com bastante rapidez. Em 2002 eu ainda estava na faculdade e já trabalhava no gabinete da prefeita Marta Suplicy. Em 2008 era secretário nacional no Ministério da Justiça e cheguei a assumir como ministro interino da Justiça. Essas oportunidades não são dadas a pessoas com trajetórias muito diferentes da minha. E isso faz com que esses espaços técnicos, que têm imenso poder nos governos e ancoram sua legitimidade na ideia de mérito e meritocracia, sejam espaços de reprodução de visões políticas moldadas pelas trajetórias pessoais — quase sempre muito parecidas — dos que chegam ali. Assim, a visão de que a política pode ser substituída pela técnica, de que o que se quer são gestores e não políticos, muitas vezes representa o fechamento do espaço para que outras visões de mundo informem o debate técnico.

E se o debate técnico, por apenas poder ser acessado por quem reproduz um discurso em uma forma que é natural apenas para homens, brancos, heterossexuais de classe alta, é impermeável a ideias construídas em contextos distintos, percebe-se que esse debate técnico é revestido de uma falsa neutralidade.

Ninguém duvida da necessidade de realizar análises sofisticadas para embasar políticas públicas que possam produzir o resultado desejável. Mas a definição do que é um resultado desejável, assim como de quais variáveis devem ser levadas em conta para chegar a esse resultado ou de quais consequências negativas podem ser aceitas nesse processo muitas vezes é política. E um técnico competente e até bem-intencionado muitas vezes não se dá conta de que excluiu determinados fatores de sua análise justamente porque as vozes que se importam com aqueles fatores não foram ouvidas no processo.

Minha experiência na conferência dos povos indígenas pode indicar vários pontos para pensar o funcionamento do Estado e a relação entre a política e a técnica.

O cotidiano do Estado — e principalmente da burocracia — costuma ser marcado por uma linguagem hermética, por processos só compreendidos por quem está dentro da administração e que, portanto, são muitas vezes excludentes. Uma vasta literatura internacional discute essas peculiaridades, construídas como forma de distinção de outros campos. Ao elaborar uma linguagem e ritos administrativos que só podem ser entendidos por alguns, a administração pública se distingue de outros atores sociais e garante um monopólio sobre a operação do Estado. Ergue-se, assim, uma assimetria entre quem domina os saberes do Estado e quem depende de alguém para traduzi-los. Essa assimetria está presente tanto na implementação dos serviços — por exemplo, no vocabulário que se usa nos serviços de saúde e que exclui parcela da população — como na política. Além de reificar uma distinção entre "nós" e "eles", essa linguagem também é altamente excludente das políticas públicas e dos processos políticos que permeiam as decisões.

As diferentes conferências nacionais são importantes espaços de participação social para além da própria democracia. Além de aumentar o número de pessoas envolvidas nas decisões, elas franqueiam ao Estado novos tipos de discursos e linguagens. Assim, aquela lógica e aquela linguagem que parecem não caber nos corredores das repartições podem, de repente, ganhar protagonismo em uma conferência e inclusive mudar os rumos das resoluções. Foi o que aconteceu quando o idoso indígena apresentou uma fala que alterou o debate coletivo, mas foi pouco compreendida pelo secretário, que domina a linguagem do Estado. Esse processo acaba gerando não apenas a inclusão de novas ideias e perspectivas nos processos decisórios, como a permeabilidade do Estado para linguagens novas e que não são dominadas necessariamente pela burocracia. Esse caso também mostra que os padrões operam sobre diversas estruturas que nos ajudam a compreender a relação entre a sociedade e instituições do Estado. O racismo e a centralidade do homem branco, heterossexual, nos espaços de poder do Brasil representam uma força que entrelaça todos os padrões. Inclusive o da participação.

Os dados sobre o funcionalismo público no Brasil ajudam a compreender esse cenário. Segundo o Atlas do Estado Brasileiro, produzido pelo Ipea, em 2019 os negros correspondiam a 51,4% dos servidores públicos no país, o que já sinaliza uma sub-representação, considerando que naquele ano eles eram 55,4% da força de trabalho, segundo o IBGE. No entanto, a maior parte desses funcionários (55,3%) atua na esfera municipal, onde em geral desempenham tarefas relacionadas à implementação de serviços de saúde e educação e têm, portanto, salários proporcionalmente menores que o restante do funcionalismo. Quase 60% dos servidores municipais recebem até 2,5 mil reais de salário, valor que cabe a apenas 14,4% dos servidores federais. Quando olhamos para as demais esferas do serviço público, onde se concentram as remunerações mais altas, a proporção de funcionários negros é bem menor.

Em 2019, 56,6% dos funcionários públicos federais eram brancos, enquanto pretos e pardos representavam cerca de 35% — e isso após a aprovação da política de cotas para concursos públicos em 2014. Essa discrepância é ainda mais evidente nos cargos comissionados, que são aqueles que exercem poder. Em 2019, os cargos comissionados DAS 6 (situados logo abaixo dos ministros e, portanto, com alto poder e altos salários) eram ocupados da seguinte forma: 65% homens brancos; 15,4% mulheres brancas;

13,3% homens negros e 1,3% mulheres negras. Os demais são de gênero e raça não informados.

Esses dados sugerem como o Estado brasileiro, mesmo com concursos públicos isonômicos e mesmo após a inclusão de leis de cotas raciais, ainda não é representativo da população brasileira em termos de raça. E, mais ainda, como as estruturas de poder são masculinas e brancas.

Esse caso nos mostra dois aspectos da relação entre a gramática da participação e a questão do homem branco como o destinado a ocupar os espaços de poder no país. De um lado, a percepção inicial sobre o modelo de discurso que deveria levar vantagem na conferência — representado pelo primeiro indígena, cuja fala é mais próxima do que se espera em espaços dominados por homens brancos — reflete que mesmo os espaços de participação são em geral colonizados por uma visão de mundo centrada nas classes dominantes, com seu recorte de raça e gênero. As políticas de gênero, de raça e para as populações indígenas são elaboradas, mesmo nos governos progressistas, não apenas por homens brancos, mas dentro da lógica política dos homens brancos. Os grupos oprimidos não são sujeitos das próprias transformações, mas objetos de políticas públicas realizadas pelos espaços de poder completamente dominados pelos homens brancos.

O cientista político Luis Felipe Miguel descreve esse processo como

> um ciclo de realimentação em que os prejudicados pelos padrões de desigualdade têm maior dificuldade de se fazer representar (nos espaços formais de deliberação) e, ao mesmo tempo, sua ausência nos processos decisórios contribui para a reprodução desses padrões. Elementos materiais e simbólicos se combinam para reduzir as possibilidades de ação política dos indivíduos de grupos prejudicados pelas desigualdades.[3]

Valeria refletir sobre a análise que Florestan Fernandes faz do abolicionismo branco de elite no Brasil: o abolicionismo que teve mais penetração foi levado adiante por brancos dos mesmos círculos sociais dos senhores, o que fez com que ele "[fosse] limitado, ideológica e politicamente, pelo convencionalismo imanente ao horizonte cultural médio dos próprios círculos senhoriais". E essa é uma das razões para a abolição ter se limitado à Lei Áurea, sem dar continuidade à emancipação dos ex-escravizados.

A história da fala do indígena também revela que, num espaço democrático construído de forma a produzir uma real representação simbólica desses grupos prejudicados pelas desigualdades, é possível notar uma força que emerge do coletivo e é capaz de transformar essas correlações de força. Ainda que singelo, esse exemplo, menos que afirmar a emergência de uma nova regra, ilustra a excepcionalidade de uma situação. Mas é possível vislumbrar tanto a necessidade de repensar a representação de grupos tradicionalmente subalternos nos esquemas de poder quanto os caminhos para essa construção ao se fortalecer o novo padrão da participação.

Do ponto de vista do argumento mais amplo deste livro — a relação entre técnica e política —, poderíamos dizer que a visão tecnocrática suprime o simbolismo que advém da representação de grupos tradicionalmente excluídos. E ela se choca, por exemplo, com políticas de ação afirmativa, como as cotas, e com qualquer forma de questionar a presença branca e masculina nos espaços de poder.

E é pela política que isso poderá ser enfrentado. Não será necessariamente superado, mas a possibilidade de superação virá por meio de uma participação mais ampla dos setores historicamente excluídos nos espaços de poder, rompendo com as barreiras simbólicas para o desenvolvimento de políticas que tenham essas populações não apenas como alvo das políticas públicas, mas como sujeitos construtores delas.

11. Caso Lei Seca

No final de 2007, primeiro ano da gestão Tarso Genro no ministério, os números de acidentes fatais de trânsito não paravam de subir. Os dados daquele ano apontariam mais de 66 mil mortes no trânsito. Uma cifra que nenhum país registrava. O ministro então pediu a mim, na condição de secretário de Assuntos Legislativos, que preparasse mudanças na legislação de trânsito que pudessem reduzir os acidentes fatais.

A gama de competências e assuntos da Secretaria de Assuntos Legislativos é tão ampla que não é possível contar com uma estrutura capaz de produzir conhecimento de qualidade sobre todos os temas. Se no Pensando o Direito buscamos atores externos para tanto, aqui enveredamos por outro caminho: os servidores públicos.

Ouvir os servidores públicos é uma das formas mais ricas de acessar um conhecimento existente no Estado. Muitas vezes os agentes políticos podem chegar com ideias prontas sobre temas relevantes, com estudos bem elaborados nas melhores universidades sobre questões de políticas públicas, mas os servidores muitas vezes detêm um tipo de conhecimento prático que pode aliar as evidências à experiência de forma a produzir políticas públicas de maneira muito mais eficiente.

Assim, ao receber a missão de revisar a legislação de trânsito, depois de ler alguns trabalhos sobre o tema que citavam algumas das causas para o alto número de acidentes no Brasil, fui me reunir com a Polícia Rodoviária Federal, órgão subordinado ao Ministério da Justiça. Os policiais corroboraram a ideia de que, nas estradas, havia duas grandes causas para acidentes: colisão frontal em função de ultrapassagens imprudentes e, sobretudo, bebida alcoólica.

Para coibir as ultrapassagens, sugerimos que a infração passasse de grave a gravíssima (por que uma das principais causas de morte ainda não havia recebido a pena mais dura do código?). Mas o caso de maior impacto foi o tratamento dado à ingestão de álcool.

A primeira coisa que me ocorreu ao ouvir o diagnóstico do policial foi perguntar por que não tínhamos bafômetros. A pergunta soa estranha em 2021, quando bafômetros fazem parte da paisagem rodoviária do país, mas em 2007, momento dessa conversa, havia apenas dois bafômetros em atividade em todo o território nacional. Bafômetro era coisa de filme americano. Ouviam-se histórias de pessoas obrigadas a fazer o teste quando viajavam ao exterior, mas nada disso existia aqui.

A resposta dos policiais foi a chave para começarmos a pensar naquilo que mais tarde viria a ser conhecido como Lei Seca: "Ora, sempre que tentamos usar os bafômetros, as pessoas alegam que não podem produzir provas contra si mesmas, não sopram ou conseguem a anulação posterior do processo. Então resolvemos parar de comprar e fiscalizar". Eu não tinha visto em nenhum lugar, exposta de maneira tão clara, a razão da baixa — ou praticamente nula — fiscalização de motoristas alcoolizados.

A partir desse diagnóstico, ficava mais fácil entender qual era nossa missão na Secretaria de Assuntos Legislativos. Não era possível que uma regra, aliás em vigor em boa parte dos países do mundo, sobre a não obrigação de produzir prova contra si mesmo representasse um obstáculo incontornável de controle de embriaguez no trânsito. A proibição de produzir provas contra si mesmo é um princípio bastante consolidado no processo penal brasileiro. Vale notar, porém, que ela não é uma norma constitucional expressa. Ou seja, não há um trecho da Constituição que diga literalmente: "Ninguém será obrigado a produzir prova contra si mesmo". Trata-se de uma derivação do direito ao silêncio. Quando a Constituição garante ao preso o direito de permanecer calado, entende-se que daí deriva o princípio da não autoincriminação, reforçado pela Convenção Interamericana de Direitos Humanos que garante à pessoa acusada de crime o "direito de não ser obrigada a depor contra si mesma".

A garantia da não autoincriminação tanto pela leitura do texto da Constituição quanto pela Convenção de Direitos Humanos constitui portanto cláusula pétrea, ou seja, não pode ser retirada nem com uma emenda constitucional. Mas é verdade também que tanto a Constituição quanto a Convenção garantem esse direito apenas a quem é acusado de crime. Uma infração de trânsito não é crime. Assim, o argumento não poderia ser utilizado por alguém que quisesse se livrar de receber uma multa.

Mas esse era o problema. Mais do que uma infração de trânsito, dirigir embriagado é crime. E, por ser crime, ele sai da esfera administrativa do Estado e é transferido para a esfera penal. Ou seja, o resultado da ação do Estado não será apenas uma multa, mas pode ser a privação da liberdade do acusado. Ao ser levada para o âmbito penal, a questão é acompanhada, corretamente, de toda uma série de garantias para a defesa que não existe, necessariamente, no direito administrativo. Entre elas a vedação de produzir provas contra si mesmo.

Claro que meu primeiro impulso foi dizer: vamos descriminalizar a embriaguez no trânsito. Aplicando uma multa alta a quem estiver dirigindo embriagado e não considerando a infração crime, talvez fosse possível fiscalizar de maneira mais efetiva e reduzir o número de acidentes. Solução perfeita? Não exatamente.

Partindo-se do diagnóstico de que as mortes no trânsito são, em grande medida, causadas pela embriaguez ao volante, qual a chance de comunicar à população que o número de acidentes diminuiria se a embriaguez ao volante não fosse mais considerada crime? Zero. Não imagino um Nizan Guanaes ou um Don Draper capaz de bolar uma campanha que fizesse essa proposta parecer razoável. Acho, ainda hoje, que essa alternativa talvez fosse a melhor e mais eficiente, mas isso não vem ao caso.

Era preciso adotar outra medida para viabilizar a fiscalização. Pensando então que era necessário não atribuir à conduta uma penalidade criminal, mas sim administrativa, construímos uma alternativa e criamos uma infração nova: recusar-se a fazer o teste do bafômetro. Ou seja, equiparamos dirigir embriagado a recusar-se a se submeter aos meios de prova de embriaguez. Mesma multa, mesmas consequências — privação da carteira de motorista e retenção do veículo. Essa medida, claro, não poderia gerar nenhuma consequência penal. O crime, afinal, é dirigir embriagado. Mas ela criava a possibilidade de multar quem se recusasse a fazer o teste do bafômetro. Foi uma medida singela, mas com implicações profundas, gerando no país uma verdadeira mudança cultural na relação entre álcool e condução de veículos.

Depois que passou pelo Congresso, ela sofreu algumas alterações, como a eliminação da pequena tolerância prevista no projeto original, que admitia até 0,3 g de álcool por litro de sangue. Não há como saber se a exigência de zero álcool no sangue, como quiseram os deputados, teve efeito simbólico. O que se sabe é que, logo que a lei foi aprovada, compraram-se milhares de bafômetros, os pontos de fiscalização se multiplicaram, e hoje existe o risco real de o motorista ser parado para que se verifique se ele ingeriu ou não álcool. A chance de ser pego é concreta e afetou realmente a conduta dos motoristas. Mesmo que para isso tenha sido necessário reduzir a incidência do direito penal e fortalecer o direito administrativo.

Os resultados da lei são muito impressionantes. Se em 2007, último ano antes da lei, morreram mais de 66 mil pessoas, em 2009 o número despencou para pouco mais de 53 mil, uma queda de 20%.

A aliança entre as evidências, a escuta aos servidores de carreira, a análise dos riscos políticos da solução proposta e a criatividade jurídica para de fato alterar comportamentos foram fundamentais para concretizar essa tão expressiva redução de mortes no trânsito.

O caso da Lei Seca pode ser visto como uma contraposição ao caso da Política de Drogas. Ambos tratam de um tema bastante conflituoso, que interfere diretamente nos direitos individuais. Qualquer governante que quisesse levar adiante, de maneira séria, uma política no âmbito dessa temática teria que lidar com resistências da sociedade e da política. Com o agravante de que nessa política o discurso, sozinho, não gera efeitos. Ou seja: para além de trazer o tema para a agenda, os políticos teriam que colocar ações em prática e assumir o ônus de implementar medidas coercitivas. Por fim, essa é uma política que mexe com diversos atores e cuja implementação não dependeria apenas do governo federal, mas de uma adesão dos governos estaduais e municipais.

Ainda assim, fica evidente que a forma de conciliar os interesses políticos aos técnicos foi bastante diferente nessa situação. Em primeiro lugar, houve um esforço real de escutar a perspectiva técnica de servidores públicos que atuam na política. Aqui a burocracia apresenta alternativa para os políticos. Estes, por sua vez, avaliam as alternativas e compreendem seu impacto. E foi exatamente isso que aconteceu quando se percebeu a diferença de viabilidade das alternativas propostas. Coube, portanto, aos políticos, apresentar o que seria o mais viável naquele contexto — não necessariamente o mais desejado, mas o que seria possível e traria efetividade para a ação desejada. Depois da decisão — que se materializou em propor um novo tipo de infração —, coube ainda à política, dessa vez no Congresso Nacional, alterar as propostas realizadas. Ao final, a proposta aprovada teve não apenas alta capacidade de implementação como também efetividade. Ou seja, a combinação entre o bom uso da técnica e de decisões políticas e as negociações tanto no Executivo como no Legislativo ampliou a capacidade de a política ter efetividade. E se mostrou, assim, um caso de bom equilíbrio entre política e técnica para fortalecimento da democracia e do governo.

12. Caso Marco Civil da Internet[1]

Neste governo é proibido proibir. O que nós fazemos neste governo é discutir. Os empresários sabem o quanto nós discutimos, sem rancor, sem mágoa, sem querer abater um concorrente. É debater, é fortalecer a democracia e levá-la às suas últimas consequências [...]. Essa lei que está aí não visa corrigir abuso de internet. Ela, na verdade, quer fazer censura. O que nós precisamos, companheiro Tarso Genro, quem sabe seja mudar o Código Civil, quem sabe seja mudar qualquer coisa. O que nós precisamos é responsabilizar as pessoas que trabalham com a questão digital, com a internet, mas não proibir ou condenar. [Esse projeto] é o interesse policialesco de fazer uma lei que permite que as pessoas adentrem a casa das pessoas para saber o que as pessoas estão fazendo, até sequestrando os computadores. Não é possível, não é possível [...].

Naquela tarde fria de junho de 2009, o presidente Lula estava em Porto Alegre, no Fórum Internacional Software Livre (FISL), quando falou de improviso ao ver uma faixa na plateia que pedia o veto ao projeto do senador Eduardo Azeredo (PSDB-MG), que acabou conhecido como o AI-5 da internet.

O projeto era a versão brasileira de um esforço de vários países para conter o espaço de liberdade que era a internet no final da primeira década do século. Fraudes bancárias, pirataria, pedofilia, venda de drogas para crianças. Para alguns a internet representava riscos gigantescos, e a única maneira de contê-los era ampliar o direito penal para as condutas cibernéticas. Entre moralistas assustados e oportunistas que não perdem a oportunidade de propor um crime novo em troca de votos, por trás desses esforços havia interesses de bancos e da indústria do entretenimento. Mas a internet não se resumia a isso, ao contrário. Era um espaço de liberdade: representava a expansão do acesso à informação e à cultura em níveis inimagináveis, combinados à possibilidade de conexão de indivíduos e da criação de redes de colaboração com custos bem mais baixos. E impulsionava uma cultura de cooperação e colaboração e movimentos de software livre que abriam a possibilidade de repensar as democracias e buscar um modelo novo de distribuição de poder. Por trás dessa visão libertária havia um vibrante movimento da sociedade civil, que se originou no debate sobre software livre e agora lutava por uma internet livre. Naquela tarde de junho, lutava com uma faixa em frente ao presidente.

Até esse dia, o governo não havia se posicionado com clareza. A Febraban[2] fazia lobby forte a favor da criação de novos tipos penais e encontrava eco em setores do governo. A Polícia Federal também pressionava nesse sentido, enquanto o movimento pela internet livre pressionava no sentido contrário. A Secretaria de Assuntos Legislativos participava do debate em função da discussão sobre o direito penal, não sobre a internet. Nossa equipe resistia a criar novos tipos penais.

O FISL era o grande vetor do movimento pela internet livre.

Com a presença do presidente, o movimento aproveitou para falar de um tema pelo qual vinha lutando por meio de diversas campanhas: era urgente derrotar o projeto de Azeredo. E a proposta era que a regulação da internet se desse pela lógica da afirmação de direitos. Não a partir de um marco jurídico penal, que criminalizava os usuários, mas de um marco civil que reconhecesse os direitos dos usuários.

Alguns membros do movimento se reuniram com Lula antes de sua fala e expuseram seu ponto de vista. Assim, ao ver a faixa, o presidente rebateu com a proposta de um marco civil. E encarregou o ministro Tarso Genro de elaborá-lo.

Essa decisão, fundamental para o desenrolar dos fatos, não era nada óbvia. A discussão do projeto Azeredo passava pelo Ministério da Justiça justamente porque dizia respeito ao direito penal, mas quando o debate migrou para uma regulação civil da internet, ele teria podido ir para o Ministério das Comunicações. Acontece que o ministro das Comunicações à época era Hélio Costa (PMDB-MG), que não era nem um pouco favorável ao movimento pela internet livre.

Tarso Genro recebeu a missão e logo me encarregou de liderar o processo. O tema estava bastante polarizado. Além dos bancos, da PF e do movimento pela internet livre, os provedores de internet e as empresas de telefonia também estavam acompanhando de perto a questão.

O desafio era enorme. Não só pela polarização, mas pela complexidade do tema, nós, na SAL, não tínhamos a expertise necessária para produzir um projeto que se contrapusesse àquele. Nosso instinto, um grupo de jovens progressistas que compunha a secretaria, era dar continuidade à posição da sociedade civil. Mas, mesmo com a sinalização do presidente, sabíamos que a correlação de forças era complicada. Sobretudo quando o projeto chegasse ao Congresso (e eu nem imaginava como a coisa poderia piorar).

Uma das lições que aprendi com o ministro Tarso Genro foi que, para uma agenda avançar, é preciso haver uma pressão externa. Isso é o oposto da ideia de que uma política pública pode ser produzida quase secretamente entre burocratas, que antes testam suas hipóteses praticamente num laboratório, para depois as apresentarem ao público. O público é parte da elaboração da política, pelo menos no entender de um político e gestor como Genro. E vai ser um elemento de pressão importante para o resultado, legitimando a ideia no debate público e contribuindo com perspectivas diferentes que podem melhorar a efetividade da política.

Além desse contexto interno, já fértil para instituir um debate público sobre a matéria, havia algum tempo nossa equipe, antenada às inovações tecnológicas, sobretudo no que dizia respeito a modelos de construção colaborativa de conhecimento, procurava um tema para criar um espaço de construção legislativa colaborativa. Ou seja, da mesma forma que era possível construir e agregar conhecimento de forma colaborativa na Wikipédia, por exemplo, por que não replicar o modelo para elaborar um projeto de lei?

Já havíamos tentado algo do gênero antes, mas o setor de tecnologia do ministério havia vetado a ideia, dizendo que poria em risco a segurança digital da pasta — um exemplo da resistência da burocracia a algum tipo de inovação. Hoje a ideia parece simples, mas em 2009 a burocracia do ministério era absolutamente resistente a um processo no qual o público pudesse interagir direto no site do ministério.

Mas esse era sem dúvida o projeto perfeito para testar essa ideia. O tema, por ser complexo, poderia ganhar muito se resultasse de um processo de debate público aberto. A colaboração poderia melhorar o resultado final.

Para driblar a resistência do setor de tecnologia do Ministério da Justiça, conseguimos hospedar o site numa rede social pública criada pelo Ministério da Cultura (culturadigital.br), e para ajudar a sistematizar o debate fizemos um convênio com o Centro de Tecnologia e Sociedade da Fundação Getulio Vargas.

E assim foi. Aquela seria a primeira experiência — no planeta — de construção colaborativa de projeto de lei. É evidente que as consultas públicas já haviam sido testadas, mas elas têm uma dinâmica completamente diferente: em geral o governo elabora um projeto e o submete à consulta pública para receber sugestões, as quais seguem direto para o governo, que decide se as incorpora ou não. Não era essa a nossa ideia: o governo mediaria a consulta, mas o debate seria entre os atores, o que mudava por completo a dinâmica de negociação de um projeto.

O primeiro passo foi estabelecer os princípios norteadores da lei, os temas que deveriam ou não entrar e a direção que o projeto tomaria. Utilizamos um decálogo de princípios elaborado pelo Conselho Gestor da Internet, a partir do qual qualquer pessoa podia comentar, criticar e sugerir pautas que seriam incorporadas ao debate.

Terminada a primeira fase, a SAL, com base nas contribuições geradas pelo debate, fez uma primeira minuta de projeto de lei, que foi postada na internet com espaço para comentários. O debate, nessa fase, foi muito mais específico, criticando e propondo alterações pontuais, já nas propostas de texto legal.

No início, a participação maior era dos grupos da sociedade civil. Grupos de interesse mais estabelecidos seguiriam fazendo pressão pelos canais tradicionais. Ocorre que nós, a partir do lançamento do processo participativo, passamos a sustentar que só levaríamos em conta as contribuições postadas publicamente. Reuniões a portas fechadas ou mesmo material impresso não tinham validade. Tal resolução acabou por levar para a internet todo o processo de negociação, feito de forma pública e com base em argumentos.

Quando, por exemplo, a Associação Brasileira de Internet

(Abranet), um dos principais grupos de interesse no processo, nos procurou para entregar suas contribuições, seus representantes disseram que haviam gostado muito da ideia do projeto colaborativo. Agradecemos e pedimos que as sugestões fossem postadas no portal. O portal era para cidadãos comuns, eles retrucaram, não para um grupo como aquele. Então nós postamos a contribuição deles e as pessoas começaram a comentar os pontos que eles trouxeram (concordando com algumas coisas, discordando de outras). E assim eles foram obrigados a participar do debate e a aceitar a plataforma, respondendo publicamente aos comentários.

Em geral, um projeto de lei implica um processo em que os grupos de interesse se reúnem com o governo, ignorando previamente os respectivos argumentos. Não é preciso convencer o público em geral, apenas quem está liderando as negociações. Grupos que não conseguem chegar ao governo e que poderiam levar contribuições importantes não são escutados, e o resultado final não leva em conta todos os pontos de vista da sociedade. No processo do Marco Civil isso se transformou por completo. Os argumentos eram necessariamente expostos em público, o que aumentava a confiança no processo e ao mesmo tempo obrigava as diversas partes a se engajarem umas com as outras.

O processo não contou com uma participação massiva de cidadãos. Nunca foi esse o objetivo, ainda mais sendo um tema tão técnico. Foram uns poucos milhares de comentários, postados por umas centenas de participantes individuais e umas dezenas de entidades. Mas conseguimos captar o que pipocava aqui e ali. Alguém poderia até discordar de algum ponto do projeto, mas compreendia perfeitamente por que ele estava ali, e isso influenciou a aceitação pública do texto, ao menos entre os atores interessados na negociação. E a polarização entre os diversos grupos, a partir de um longo processo de argumentação e discussão (o debate durou um ano e meio), foi sendo direcionada à construção de acordos públicos.

Para isso, foi fundamental o comprometimento da equipe da secretaria, formada em grande medida de jovens servidores concursados ou em cargos de confiança, mas que vieram a fazer concurso posteriormente. Os funcionários, em parceria com a sociedade civil, compreenderam a importância do papel mediador da secretaria para o sucesso de um processo inovador e foram essenciais para manter a qualidade técnica do debate.

Ao ser apresentado ao Congresso, o texto recebeu o apoio de todos os grupos que haviam participado da discussão, os quais, antes do início do processo, estavam em polos radicalmente opostos

O primeiro relator, deputado Alessandro Molon (à época no PT-RJ), resolveu replicar o processo de consulta colaborativa on-line[3] — era importante prosseguir on-line para dar a possibilidade de o Legislativo continuar a conversa iniciada pelo Executivo, utilizando o mesmo método. Ele também notou que, por ter sido feito de forma pública e estar registrado, o processo mudou a forma de negociação dentro do Congresso. Afinal, os interesses e argumentos já haviam sido expostos, debatidos e respondidos. E mexer no acordo formado gerava sempre enorme reação. Molon disse:

> O processo no Executivo fez com que as contribuições na participação no Legislativo estivessem muito mais maduras, [...] porque já tinham sido jogadas várias partidas nesse campo, os jogadores já estavam quentes. As pessoas já sabiam o que estava em jogo, já sabiam o que estava em disputa e quais eram os interesses em jogo. Não se começou do zero. [...] Isso em comparação com qualquer outro projeto que a gente já tenha visto lá [na Câmara].

Mas houve um elemento novo. As empresas de telefonia, que não haviam participado ativamente do debate, se deram conta[4] de que o projeto tocava em pontos fundamentais para elas, como a neutralidade da rede. Ou seja, as teles não poderiam interferir no conteúdo que transmitiam — oferecendo, por exemplo, pacotes nos quais um serviço de streaming rodasse mais rápido que outro. E esse era um ponto que afetava profundamente o modelo de negócio delas. Sem ter participado da consulta colaborativa, essas empresas recorriam aos meios tradicionais de pressão e tinham como principal defensor de seus interesses o deputado Eduardo Cunha (PMDB-RJ).

E foi em torno da articulação de Cunha contra o Marco Civil e a favor das teles que se estruturou a grande frente clientelista contra as pautas do governo Dilma: o Blocão.[5]

Em junho de 2016, a revista *Brasileiros* publicou uma matéria bem consistente de Mauricio Puls[6] que explica a relação entre a formação desse bloco de insatisfeitos com o governo Dilma e o movimento no Congresso que culmina em sua queda. O artigo salienta que o Marco Civil, estopim do processo que opôs o bloco ao governo, foi a única vitória no embate entre o centrão e o governo, derrotado na criação da CPI da Petrobras, em convocações de ministros, na queda de Ideli Salvatti, na aprovação da PEC do orçamento impositivo e, claro, na eleição de Eduardo Cunha em 2015.

Apesar dos esforços de Cunha e das teles, o Marco Civil foi aprovado.

A análise detalhada das idas e vindas da negociação mostra com clareza que a aliança pública entre atores diversos forjada no processo de consulta criou uma força para o acordo que possibilitou a vitória do texto mesmo com a pressão contrária de interesses poderosos.[7]

O filósofo alemão Jürgen Habermas, um dos maiores estudiosos da democracia no século XX, defende que existe uma força política maior em um argumento construído publicamente. Ele chama isso de "força do melhor argumento".⁸ Alguns de seus críticos apontam certa ingenuidade na ideia, ou até uma despolitização. Melhor argumento para quem? Mas a ideia é muito útil para entender um processo como esse. Ou até para ajudar a entender essa relação entre a construção política e a construção técnica de um argumento.

O "melhor argumento" não significa a decisão intrinsecamente melhor do que qualquer outra possível. Para Habermas, sua força provém de ele ter emergido de um debate público não coercitivo, do qual constam as razões e informações disponíveis em determinado momento. Quando isso ocorre, há uma força inerente que resulta da motivação racional. Ou seja, trata-se do melhor argumento não como a resposta correta para uma questão, mas em função do procedimento de tomada de decisão que foi racionalmente motivado, fruto do debate discursivo.⁹

Podemos concluir que o acordo a partir do processo deliberativo coordenado pelo Ministério da Justiça criou uma aliança improvável entre atores antes em lados opostos, forjada a partir do melhor argumento e não em um mero processo de barganha ou da imposição da técnica. Sua força possibilitou, mesmo no contexto de um governo fragilizado, a derrota de interesses poderosos e bem articulados das teles.

A análise desse caso mostra também que os atores que engendraram o acordo não possuíam especial apego por ele. Movimentos pela internet livre, setores de segurança, produtores de conteúdo, provedores de internet, cada um testou a possibilidade de quebrá-lo e apoiar um texto que fortaleceria sua posição, para além do consensuado no Executivo. E é verdade que o texto final aprovado não é idêntico ao apresentado inicialmente, mas resguardou-se o pacto em torno das três grandes questões acordadas no processo colaborativo. Sempre que algum dos atores tentou romper o acordo, a votação se tornou inviável. Quando o acordo foi realinhado, contando também com o apoio do governo, foi possível derrotar o "blocão" de Cunha.

O caso do Marco Civil descreve um processo de construção política que conseguiu conciliar diversos elementos discutidos neste livro. A riqueza desse processo em especial é a interação da técnica com a política: em nenhum momento a primeira optou por sufocar a segunda, que por sua vez soube escutar a primeira. Aliás, mais do que uma técnica, existiam várias, não havia uma solução ótima. Interesses variados e distintos, polarizados, foram se acomodando em um processo político que conseguiu formar acordos públicos a partir de um debate técnico. A polarização, inclusive, foi fundamental para gerar a energia política necessária que conferiu legitimidade ao processo.

O processo político é central para uma democracia e permite não só acomodar interesses distintos como fornecer uma combinação equilibrada entre técnica e política. Nesse caso, não houve um atropelo da burocracia e do conhecimento técnico — eles foram incorporados, ouvidos e debatidos. A política tampouco abriu mão de seu espaço, e agiu como o polo conciliador de um processo de debate público e coletivo. A solução foi sendo pactuada, debatida, construída coletivamente.

Enfim, a aposta no processo político e na concertação — mesmo em um ambiente de interesses conflituosos — permite amainar o poder das diversas gramáticas no Estado. No Marco Civil, a participação conseguiu ter mais espaço que o corporativismo, o clientelismo e o insulamento, por exemplo, ao concretizar a ideia de que o debate político deveria ser central. É no debate político que a tensão entre sociedade e Estado pode encolher o caráter de ocupação privada do poder público e aumentar as chances da prevalência do interesse público.

Considerações finais

Procuramos mostrar que a tensão entre uma burocracia forte, independente, e as disputas naturais da democracia está na chave da construção de uma democracia saudável e eficiente. Uma democracia que não só entregue serviços públicos de qualidade, mas abra espaço para que as reivindicações de grupos distintos sejam equacionadas por políticos e não por burocratas, que muitas vezes são a expressão de interesses ocultos por trás do fetichismo da meritocracia.

O caso brasileiro pós-Constituição Federal demonstra que padrões de relação entre Estado e sociedade, como clientelismo, corporativismo e insulamento burocrático, só podem ser confrontados por meio de reformas estruturantes que os substituam pelo que cabe a um país democrático republicano: universalismo de procedimentos e participação. Os exemplos analisados também evidenciam os riscos da ascensão de um discurso técnico e meritocrático que busca se legitimar em detrimento da política, e que na realidade esconde interesses individuais ou de grupos específicos.

Os problemas estruturantes do Estado brasileiro não serão dirimidos nem pelo discurso meritocrático nem por jovens bem-intencionados e bem formados que, em seus escritórios, se dedicam a analisar tecnicamente as medidas para acabar com a corrupção e aperfeiçoar o Estado. Para que o Estado cumpra os objetivos previstos na Constituição — construir uma sociedade livre, justa e solidária; erradicar a pobreza; diminuir a desigualdade e promover o bem de todos sem discriminação —, é necessário apostar tanto na técnica como na política. É a democracia que pode pactuar novas maneiras de o Estado atuar na economia, a partir de negociações públicas lideradas pelos representantes eleitos, baseadas na análise de técnicos qualificados.

Os principais avanços depois de 1988 foram obtidos graças à ação política e à nova gramática da cidadania que se construiu a partir de então. O SUS se originou no movimento social da saúde, tão forte no Brasil dos anos 1980 e 1990; as políticas de redução da desigualdade e diminuição da pobreza (do Bolsa Família ao Pronaf) também foram produto da política e dos movimentos sociais. O mesmo ocorreu com as políticas de cotas, o Marco Civil da Internet, as políticas de desarmamento e de erradicação do trabalho infantil, o Sistema Único de Assistência Social, a demarcação de terras indígenas.

Pode parecer difícil levar isso adiante, ainda mais com o Congresso que vimos nos últimos anos e com o desenrolar do noticiário político, que muitas vezes se confunde com o policial. Entretanto, sem passar pela democracia e a política, não há alternativa de ruptura com o sequestro do Estado por interesses privados. Do contrário, a meritocracia, isolada do debate político, servirá apenas para que as forças que mantêm o Estado brasileiro a serviço de interesses privados continuem ocultas.

A crença cega na técnica e no mérito costuma encobrir relações de poder, acobertando escolhas políticas que muitas vezes representam a conservação de determinados grupos no poder. Ao encampar o discurso tecnocrático, valorizando a técnica acima de tudo, setores empresariais com interesses definidos, o racismo e o machismo estruturais da sociedade, acabam impondo barreiras ao embate de disputas políticas verdadeiras, e assim afunilam ainda mais a possibilidade de acesso ao poder por parte dos desfavorecidos pelas desigualdades.

Em uma república sem democracia, os verdadeiros interesses sempre estarão camuflados. Faoro termina *Os donos do poder* lamentando que as instituições liberais erguidas no Brasil sobre a herança portuguesa tenham representado "pano novo em vestido velho, vinho novo em odres velhos, sem que o vestido se rompesse nem o odre rebentasse". Em um país tão profundamente marcado pelas gramáticas do clientelismo e do corporativismo, o fetichismo da meritocracia é vinho da moda para encher o odre velho. Não passa de uma releitura das gramáticas do insulamento burocrático e do universalismo de procedimentos que, como se sabe, não foram capazes de ajudar o país a superar suas desigualdades. É também um campo fértil, principalmente quando o fetichismo da meritocracia emerge a partir da tensão entre padrões anteriores e a participação, para o surgimento de novas formas de autoritarismo, baseado na crença de que um governo formado pelos "melhores" prescinde dos processos democráticos. Por isso nunca é demais lembrar que as instituições republicanas só serão sólidas e democráticas com a aliança entre, por um lado, técnicos bem preparados que produzam informação de qualidade no governo e, por outro, políticos aptos a dialogar com o povo e aceitar a ampliação de mecanismos de participação popular.

O enfrentamento desses traços constitutivos do Estado brasileiro, obstáculos ao avanço pleno rumo a um país democrático e republicano, exige um pacto político de fôlego, com o objetivo de criar um Estado eficiente e capaz de dialogar com a classe trabalhadora e os empreendedores, com os pobres, os negros, os evangélicos, as mulheres e as minorias. É um diálogo que se dá nas ruas e nas urnas, e não em gabinetes ocupados por gente que tem medo — ou asco — da democracia.

Agradecimentos

PEDRO ABRAMOVAY

Este livro é resultado das reflexões e experiências que tive em minha vida acadêmica e profissional. Seria difícil agradecer a todas e todos que contribuíram para cada uma dessas etapas. Mas há algumas pessoas que não posso deixar de mencionar. Aloizio Mercadante, por ter sido irresponsável o bastante para me levar, com 22 anos de idade, para o governo Lula. Márcio Thomaz Bastos, pela generosidade e pelo espaço que me deu em sua gestão como ministro. No Ministério da Justiça, a lista de colegas que formaram uma rede de apoio para tudo que fizemos lá é tão grande que se fosse apresentada faria o livro dobrar de tamanho. Tarso Genro, por confiar em mim na Secretaria de Assuntos Legislativos, nos dar amplo espaço para a inovação e me ensinar o valor da aposta na democracia. O presidente Lula, por ter liderado um governo em que tudo isso foi possível. Na vida acadêmica, agradeço a meu orientador de doutorado, Fabiano Santos, que incentivou muitas das reflexões aqui presentes.

Agradeço a meu pai, por sempre me encorajar a refletir sobre o que a gente faz e pela leitura atenta do livro. Agradeço ao Joaquim e à Isabel, não só por compreenderem o tempo gasto em um projeto como esse, mas sobretudo por me darem motivos para acreditar no futuro. Agradeço à Carol, que não só viveu comigo a montanha-russa emocional que é a vida no governo como participou ativamente da minha vida acadêmica, provocando, lendo, criticando e celebrando cada passo. Poder sonhar, com ela, esses sonhos todos, deixa a vida muito melhor.

Agradeço ao Ricardo Teperman, editor paciente e cuidadoso.

Por fim agradeço à Gabriela Lotta, que topou essa empreitada, no começo tão pouco clara, na qual mergulhou de cabeça. Ela deu profundidade e rigor ao livro, me ensinou muito e foi sempre generosa com minhas tentativas de dar sentido ao que vivi em Brasília.

GABRIELA LOTTA

Este livro é fruto de muitas reflexões feitas não apenas no diálogo com Pedro Abramovay, mas também em minha trajetória de formação como cientista política e administradora pública. Em primeiro lugar, agradeço ao Pedro pelo convite generoso (mesmo sem nos conhecermos!) de escrever com ele e refletir sobre suas experiências e trajetórias. Foi um percurso intenso e lindo, de muito compartilhamento e aprendizado. Agradeço também ao Ricardo Teperman por nos guiar nesse processo.

Em minha trajetória convivi com diversos(as) acadêmicos(as) que ajudaram a formar minhas reflexões sobre o funcionamento do Estado e da administração pública e que sempre me mostraram como a política está presente em toda a nossa vida social — inclusive na própria construção da ciência. A todos(as) esses(as) professores(as) e, agora, colegas de trabalho e amigos(as), agradeço imensamente por terem me acompanhado no aprendizado da importância do Estado para a transformação social e da política como parte da nossa convivência. Um agradecimento especial a Peter Spink, Maria Rita Loureiro Durand, Marta Farah, Eduardo Marques, Marta Arretche, Roberto Pires e Chico Gaetani, que foram essenciais nesse processo. Também agradeço aos(às) pesquisadores(as) do Núcleo de Estudos da Burocracia por tantas trocas intelectuais. Tive o privilégio enorme de me formar dentro das salas de aula de escolas de governo e das repartições públicas. Foi nesses espaços que conheci e aprendi a valorizar e admirar o papel dos(as) servidores(as) públicos(as). São esses espaços que todo dia renovam minhas esperanças de transformação por meio de um Estado que tenha servidores qualificados, motivados e com uma ética do serviço público voltada aos direitos e à participação social. Agradeço aqui a cada um e cada uma desses(as) servidores(as) com quem interagi nas últimas décadas e que me ensinam e mostram os caminhos para termos um Estado melhor.

Por fim, quero também agradecer a meus(minhas) amigos(as) e familiares que sempre estiveram ao meu lado apoiando e dando suporte a essa trajetória tão intensa. À minha mãe, Isa, mãe e amiga, que me trouxe até aqui e ensinou desde sempre a importância de contribuir para um mundo melhor. Ao Arilson, por segurar minha mão o tempo todo e desbravar o mundo (real e intelectual) ao meu lado. Às minhas queridas amigas-irmãs, Marcela, Izabel, Tina, Stela e Vanessa, por todo o afeto e a companhia. À Roseli, pelos cuidados cotidianos.

Notas

1. O FETICHISMO DA MERITOCRACIA [pp. 17-27]

    1. Michael Young, "Down with Meritocracy". *The Guardian*, 29 jun. 2001. Disponível em: <www.theguardian.com/politics/2001/jun/29/comment>. Acesso em: 11 maio 2022.
    2. "Keynesian Politics: The Political Sources of Economic Policy Choices", ensaio de Peter Gourevitch para o livro *The Political Power of Economic Ideas: Keynesianism across Nations*, organizado por Peter A. Hall (Princeton: Princeton University Press, 1989, pp. 87-106).

2. VELHOS E NOVOS PADRÕES DA RELAÇÃO ENTRE ESTADO E SOCIEDADE NO BRASIL [pp. 28-39]

    1. Roberto Schwarz, "As ideias fora do lugar". In: *Ao vencedor as batatas*. São Paulo: Duas Cidades; Editora 34, 2000, p. 20.
    2. Prefácio à primeira edição do livro.
    3. Luiz Carlos Bresser-Pereira, "Prefácio". In: Edson Nunes, *A gramática política do Brasil. Clientelismo e insulamento*. Rio de Janeiro: Zahar, 1997, p. 12.

3. AS REFORMAS DO ESTADO DE FHC E LULA [pp. 40-52]

1. Para mais referências, ver os trabalhos de Felix Lopez (2015) e de Pedro Cavalcante e Gabriela Lotta (2015) sobre ocupação de cargos comissionados no Brasil.
2. Fernando Luiz Abrucio; Maria Rita Loureiro, "Burocracia e ordem democrática: Desafios contemporâneos e experiência brasileira". In: Roberto Pires; Gabriela Lotta; Vanessa Elias de Oliveira (Orgs.). *Burocracia e políticas públicas no Brasil: Interseções analíticas*. Brasília: Ipea; Enap, 2018, p. 6.
3. Segundo ranking do Lowy Institute de 2021, o Brasil foi o pior classificado na comparação internacional de experiências de enfrentamento à pandemia de covid-19.

4. LEI DE ACESSO À INFORMAÇÃO [pp. 55-64]

1. Rodrigo Bittar, "Comissão limita sigilo de documentos públicos a 50 anos". Câmara dos Deputados, 24 fev. 2010. Disponível em: <www2.camara.leg.br/camaranoticias/noticias/ADMINISTRACAO-PUBLICA/145362-COMISSAO-LIMITA-SIGILO-DE-DOCUMENTOS-PUBLICOS-A-50-ANOS.html>. Acesso em: 11 maio 2022; Fernando Rodrigues, "Aprovação de projeto é primeiro passo contra cultura de opacidade". *Folha de S.Paulo*, 26 out. 2011. Disponível em: <www1.folha.uol.com.br/fsp/poder/po2610201112.htm>. Acesso em: 11 maio 2022.

6. POLÍTICA DE DROGAS [pp. 75-86]

1. Fabricio Pamplona, "Maconha mata neurônio: A origem do mito (1/3)". *Medium*, 24 out. 2017. Disponível em: <https://medium.com/tudosobrecannabis/maconha-mata-neur%C3%B4nio-a-origem-do-mito-1-3-ab661bfb48ba>. Acesso em: 11 maio 2022.

7. A CAPTURA DA CONTROLARIA-GERAL DA UNIÃO [pp. 87-9]

1. Luísa Martins, "Ministro sugere que servidores da CGU sem identificação com Temer deixem os cargos". *O Estado de S. Paulo*, 2 jun. 2016. Disponível em: <https://politica.estadao.com.br/noticias/geral,ministro-sugere-que-servidores-da-cgu-sem-identificacao-com-temer-deixem-os-cargos,10000054954>. Acesso em: 11 maio 2022.

2. Malu Delgado, "Como o governo Temer debilitou o Ministério da Transparência". *Deutsche Welle*, 28 jun. 2017. Disponível em: <www.dw.com/pt-br/como-o-governo-temer-desidratou-o-minist%C3%A9rio-da-transpar%-C3%AAncia/a-39459346>. Acesso em: 11 maio 2022.

3. Em maio de 2016 foi revelada uma conversa ocorrida em março do mesmo ano entre o então senador Romero Jucá e o ex-senador Sérgio Machado, na qual o primeiro defende a queda da então presidenta Dilma Rousseff em um acordo "com o Supremo, com tudo" para "estancar a sangria" causada pela operação Lava Jato.

8. ENCCLA E A LAVA JATO [pp. 90-103]

1. Fábio Zanini, "Eleito se reunirá com 'velha guarda'". *Folha de S.Paulo*, 4 nov. 2002. Disponível em: <www1.folha.uol.com.br/fsp/brasil/fc0411200211.htm>. Acesso em: 11 maio 2022.

2. Em pesquisa no site do acervo do jornal *Folha de S.Paulo*, pudemos constatar um aumento de 54% na incidência das palavras "republicano" e "republicana" (excluindo-se "EUA" e "Estados Unidos") nas páginas do jornal no período 2003-10 em comparação aos oito anos anteriores.

3. Criada como "Estratégia Nacional de Combate à Lavagem de Dinheiro", Encla. Posteriormente incorporou-se "Corrupção" à sigla, que passou a ser "Enccla".

4. Grupo de Ação Financeira contra a Lavagem de Dinheiro e o Financiamento do Terrorismo.

5. Pedro Abramovay ocupou a Secretaria de Assuntos Legislativos de 2007 a 2010.

6. Fernando Haddad, "Vivi na pele o que aprendi nos livros: Um encontro com o patrimonialismo brasileiro". *piauí*, n. 129, jun. 2017. Disponível em: <https://piaui.folha.uol.com.br/materia/vivi-na-pele-o-que-aprendi-nos-livros/>. Acesso em: 10 jun. 2022.

9. PENSANDO O DIREITO [pp. 107-21]

1. "Baixos salários fazem advogados públicos deixarem governo". *Consultor Jurídico*, 22 jan. 2004. Disponível em: <www.conjur.com.br/2004-jan-22/baixos_salarios_fazem_advogados_publicos_deixarem_governo>. Acesso em: 11 maio 2022.

10. ESTATUTO DOS POVOS INDÍGENAS [pp. 122-8]

1. Apesar de nunca formalmente enviado como projeto de lei ao Congresso, o texto do anteprojeto de estatuto foi entregue ao presidente da Câmara Michel Temer pelo ministro da Justiça Tarso Genro em 5 de agosto de 2009 para que fosse apresentado como substitutivo ao PL 2057/91 que tramitava à época na Câmara.

2. Ver mais informações no artigo "Participação como representação: O impacto das conferências nacionais de políticas públicas no Congresso Nacional", de Thamy Pogrebinschi e Fabiano Santos (2011).

3. Luis Felipe Miguel, *Democracia e representação: territórios em disputa*. São Paulo, Editora Unesp, 2014, p. 301.

12. CASO MARCO CIVIL DA INTERNET [pp. 135-44]

1. Para mais informações, este caso é detalhado na tese de doutorado de Pedro Abramovay (*Sistemas deliberativos e processo decisório congressual: Um estudo de caso sobre a aprovação do Marco Civil da Internet*. Universidade do Estado do Rio de Janeiro, 2017. Disponível em: <www.internetlab.org.br/wp-content/uploads/2019/04/tese-Pedro-Abramovay.pdf>. Acesso em: 11 maio 2022).

2. Federação Brasileira de Bancos.

3. A declaração de Molon foi dada em entrevista a Pedro Abramovay para a sua tese de doutorado.

4. Em entrevista com Eduardo Levy, presidente da Sinditelebrasil, a principal entidade de lobby das empresas de telefonia, ele afirmou que, de fato, as empresas só passaram a entender a importância do projeto para elas na chegada ao Legislativo.

5. Em matéria de março de 2014, Felipe Seligman descreve o que estava ocorrendo. "Insatisfeitos com o que consideram um pequeno espaço no governo, ao menos 9 partidos da base (PMDB, PP, PSD, PDT, entre outros) formaram informalmente o 'blocão' com mais de 250 deputados, pressionando por novos ministérios e pela liberação de emendas indicadas por eles referentes ao ano de 2013. A principal liderança do blocão é exatamente Eduardo Cunha, que de três semanas para cá passou a atacar o PT e a presidente Dilma, ameaçando inclusive romper a aliança entre os partidos. Disposto a promover derrotas ao governo, começou a reunir colegas para derrubar o Marco Civil. Fatores políticos, portanto, passaram a reforçar sua posição tecnicamente contrária ao projeto." Felipe Seligman, "Por trás da disputa política a força das teles", *Agência Pública*, 19 mar.

2014. Disponível em: <http://apublica.org/2014/03/por-tras-da-disputapolitica-forca-das-teles/>. Acesso em: 11 maio 2022.

6. Mauricio Puls. "Centrão: pequena história do maior adversário de Dilma no Congresso". *Brasileiros*, 5 jun. 2016.

7. Esse processo está descrito com detalhes na tese de doutorado de Pedro Abramovay.

8. Habermas, 1984, p. 25.

9. Habermas, 1998, p. 227.

Referências bibliográficas

ABRUCIO, Fernando Luiz; LOUREIRO, Maria Rita. "Burocracia e ordem democrática: Desafios contemporâneos e experiência brasileira". In: PIRES, Roberto; LOTTA, Gabriela; OLIVEIRA, Vanessa Elias de (Orgs.). *Burocracia e políticas públicas no Brasil: Interseções analíticas*. Brasília: Ipea; Enap, 2018. pp. 23-57.

ALENCAR, José de. *Cartas a favor da escravidão*. São Paulo: Hedra, 2008.

BAUER, M. W.; PETERS, B. G.; PIERRE, J.; YESILKAGIT, K.; BECKER, S. (Eds.). *Democratic Backsliding and Public Administration: How Populists in Government Transform State Bureaucracies*. Cambridge: Cambridge University Press, 2021.

BERMAN, Sheri. "Social Democracy and the Creation of the Public Interest". *Critical Review*, Chicago, v. 23, n. 3, pp. 237-56, 2011.

BOURDIEU, Pierre. *On the State: Lectures at the Collège de France, 1989-1992*. Nova Jersey: John Wiley & Sons, 2018.

BURNHAM, James. *The Managerial Revolution: What is Happening in the World*. Putney: Lume Books, 2021.

CARDOSO, Fernando Henrique. *O modelo político brasileiro e outros ensaios*. Rio de Janeiro: Difel, 1993.

CARDOSO, Luciana Zaffalon Leme. *A política da justiça: Blindar as elites, criminalizar os pobres*. São Paulo: Hucitec, 2018.

CARDOSO, J. C. et al. *Assédio institucional no setor público*. Brasília: Afipea, 2022.

CAVALCANTE, Pedro; LOTTA, Gabriela (Orgs.). *Burocracia de médio escalão: Perfil, trajetória e atuação*. Brasília: Enap, 2015.

CONSELHO NACIONAL DE JUSTIÇA. *Censo sociodemográfico dos magistrados brasileiros*. Brasília: CNJ, 2018. Disponível em <www.cnj.jus.br/wp-content/uploads/2019/09/a18da313c6fdcb6f364789672b64fcef_c948e694435a-52768cbc00bda11979a3.pdf>. Acesso em: 11 maio 2022.

DAHL, Robert A. "Reflections on Opposition in Western Democracies". *Government and Opposition*, Cambridge, v. 1, n. 1, pp. 7-24, 1965.

DAHLSTRÖM, Carl; LAPUENTE, Victor. *Organizing Leviathan: Politicians, Bureaucrats, and the Making of Good Government*. Cambridge: Cambridge University Press, 2017.

FAORO, Raymundo. *Os donos do poder: Formação do patronato político brasileiro*. São Paulo: Globo, 2008.

FERNANDES, Florestan. "Ciências sociais: Na ótica do intelectual militante". *Estudos Avançados*, São Paulo, v. 8, n. 22, pp. 123-38, 1984.

_____. "Democracia e burocracia". *Folha de S.Paulo*, 19 dez. 1994.

_____. "Diretas Já: Uma derrota". In: *Que tipo de república?* 2. ed. São Paulo: Globo, 2007. pp. 222-6.

GAY, Paul Du. "The Bureaucratic Vocation: State/Office/Ethics". *New Formations*, Copenhague, v. 100, pp. 77-96, 2020.

HABERMAS, Jürgen. *The Theory of Communicative Action: Reason and the Rationalization of Society*. Boston: Beacon Press, 1984. v. 1.

_____. *Between Fact and Norms: Contributions to a Discourse Theory of Law and Democracy*. Cambridge: MIT Press, 1998.

HADDAD, Fernando. "Vivi na pele o que aprendi nos livros". *piauí*, n. 129, jun. 2017.

HIDALGO, César. "A Bold Idea to Replace Politicians". TED Talk. Disponível em: <www.ted.com/talks/cesar_hidalgo_a_bold_idea_to_replace_politicians?language=pt-br>. Acesso em: 11 maio 2022.

KOGA, N.; PALOTTI, P.; MELLO, J.; PINHEIRO, C. *Políticas públicas e usos de evidências no Brasil: Conceitos, métodos, contextos e práticas*. Brasília: Ipea, 2022.

KREHBIEL, Keith. "Paradoxes of Parties in Congress". *Legislative Studies Quarterly*, Iowa City, v. 24, n. 1, pp. 31-64, 1999.

LEMGRUBER, Julita; RIBEIRO, Ludmila; MUSUMECI, Leonarda; DUARTE, Thais. *Ministério Público: guardião da democracia brasileira?* Rio de Janeiro: Cesec, 2016.

LINDBLOM, Charles E. "The Science of 'Muddling Through'". *Public Administration Review*, Washington, v. 19, n. 2, pp. 79-88, 1959.

LOPEZ, Felix Garcia. "Evolução e perfil dos nomeados para cargos DAS na administração pública federal (1999-2014)". Nota Técnica n. 16. Brasília: Ipea, 2015.

NUNES, Edson de Oliveira. *A gramática política do Brasil: Clientelismo, corporativismo e insulamento burocrático*. Rio de Janeiro: Garamond, 2019.

ORWELL, George. *1984*. São Paulo: Companhia das Letras, 2009.

PIRES, Roberto; ABERS, Rebecca Neaera. *Trajetórias e práticas políticas no serviço público: Sobre os ATPS*. Relatório de pesquisa. Brasília: Ipea, 2013.

PIRES, Roberto; VAZ, Alexander. "Participação social como método de governo? Um mapeamento das 'interfaces socioestatais' nos programas federais". Texto para Discussão n. 1707. Brasília: Ipea, 2012.

POGREBINSCHI, Thamy; SANTOS, Fabiano. "Participação como representação: O impacto das conferências nacionais de políticas públicas no Congresso Nacional". *Dados*, Rio de Janeiro, v. 54, n. 3, pp. 259-305, 2011.

ROTHSTEIN, Bo. *The Quality of Government: Corruption, Social Trust, and Inequality in International Perspective*. Chicago: University of Chicago Press, 2011.

SANDEL, Michael J. *A tirania do mérito: O que aconteceu com o bem comum?* Rio de Janeiro: José Olympio, 2020.

SCHWARZ, Roberto. *As ideias fora do lugar: Ensaios selecionados*. São Paulo: Companhia das Letras, 2014.

TOCQUEVILLE, Alexis de. *A democracia na América*. São Paulo: Edipro, 2019.

WEBER, Max. *Ciência e política: Duas vocações*. São Paulo: Cultrix, 2004.

YOUNG, Michael. *The Rise of the Meritocracy*. Londres: Routledge, 2017.

Leitura complementar

ABRUCIO, Fernando Luiz; LOUREIRO, Maria Rita; PACHECO, Regina Silva (Orgs.). *Burocracia e política no Brasil: Desafios para o Estado democrático no século XXI*. Rio de Janeiro: Editora FGV, 2010.
AVRITZER, Leonardo. "A dinâmica da participação local no Brasil". In: _____. (Coord.). *Democracia, desigualdade e políticas públicas no Brasil*. Relatório de pesquisa. Belo Horizonte, 2009. pp. 14-49. v. 2.
AVRITZER, Leonardo; ANASTASIA, Fátima (Orgs.). *Reforma política no Brasil*. Belo Horizonte: Editora UFMG, 2006.
BRESSER-PEREIRA, Luiz Carlos. "A reforma gerencial do Estado de 1995". *Revista de Administração Pública*, Rio de Janeiro, v. 34, n. 4, pp. 7-26, 2000.
_____. *Construindo o Estado republicano: Democracia e reforma da gestão pública*. Rio de Janeiro: Editora FGV, 2018.
CARDOSO, Fernando Henrique. "Notas sobre a reforma do Estado". *Novos Estudos CEBRAP*, São Paulo, n. 50, pp. 5-12, 1998.
_____. *Pensadores que inventaram o Brasil*. São Paulo: Companhia das Letras, 2013.
FERNANDES, Florestan. *A integração do negro na sociedade de classes: No limiar de uma nova era*. 3. ed. São Paulo: Ática, 1978. v. 1.
_____. *A revolução burguesa no Brasil: Ensaio de interpretação sociológica*. 4. ed. São Paulo: Globo, 2005.
GAETANI, Francisco; PALOTTI, Pedro; PIRES, Roberto. "Public Administration in Brazil: The Elusive State — Eighty Years Attempting to Build a Pro-

fessional and Responsive Public Service". In: PETERS, B. Guy; TERCEDOR, Carlos Alba; RAMOS, Conrado (Orgs.). *The Emerald Handbook of Public Administration in Latin America*. Bingley: Emerald, 2021. pp. 53-80.

GAETANI, Francisco. "O recorrente apelo das reformas gerenciais: Uma breve comparação". *Revista do Serviço Público*, Brasília, v. 54, n. 4, pp. 23-43, 2003.

PIRES, Roberto; LOTTA, Gabriela; OLIVEIRA, Vanessa Elias de (Orgs.). *Burocracia e políticas públicas no Brasil: Interseções analíticas*. Brasília: Ipea; Enap, 2018.

Índice remissivo

abolição da escravidão (1888), 128
abolicionismo, 29
abordagens dominantes, peso ideológico das, 83-4
Abramovay, Pedro, 13, 55, 65, 70, 75, 77, 81-2, 107-10, 123-4, 130, 137, 155n
Abranet (Associação Brasileira de Internet), 139-40
Abrucio, Fernando, 49-50
absolutismo, 61
acidentes de trânsito, maiores causas de, 130, 132
Acre, 58
administração pública, 22, 33, 36, 40-6, 49, 63, 83, 122, 125
Advocacia-Geral da União ver AGU
Afipea (Sindicato Nacional dos Servidores do Ipea), 86
AGU (Advocacia-Geral da União), 94, 117-20
álcool (bebidas alcoólicas), 130, 132-3
Alemanha, 21-3, 101

Alencar, José de, 29
Amapá, 58
Anatel (Agência Nacional de Telecomunicações), 42
Aneel (Agência Nacional de Energia Elétrica), 42
animais, estudos com maconha em, 78
ANS (Agência Nacional de Saúde Suplementar), 42
anticorrupção, discurso, 91
Anvisa (Agência Nacional de Vigilância Sanitária), 42
Ao vencedor as batatas (Schwarz), 28
Argentina, 101
argumentação técnica, falsa neutralidade na, 123-4
arquivos da ditadura, abertura dos, 56, 62
Artigo 19 (ONG de direitos humanos), 59
Assédio institucional no setor público (org. Cardoso Jr.), 86

Assembleia Constituinte (1987-8), 36-7; *ver também* Constituição Federal (1988)
Assembleia Legislativa de São Paulo, 101
Atlas do Estado Brasileiro, 126
autoincriminação, princípio da não, 131
autoritarismo, 19, 50, 52, 89, 147
Azeredo, Eduardo, 136-7

bafômetros, 130, 133
Balzac, Honoré de, 10
Banco Central, 48, 93
Barreto, Luiz Paulo, 65-71
Bastos, Márcio Thomaz, 45, 65-6, 90-1, 93, 95, 110, 112
Battisti, Cesare, 65, 67-71, 84
Bauer, Michael, 89
bem-estar social, Estado de, 14, 31
Berman, Sheri, 25-6
Blair, Tony, 25
Blocão (frente clientelista contra as pautas do governo Dilma), 142, 144, 156*n*
Boiteux, Luciana, 76
Bolívia, 58, 79
Bolsa Família, 44, 146
Bolsonaro, Jair, 48, 51-2, 68, 86, 102
Bourdieu, Pierre, 61-2, 98
brancos, homens, 31, 49, 77, 99, 109, 124, 126-8
Brasileiros (revista), 142
Brasília, 13, 75, 82-3, 94, 107
Bresser-Pereira, Luiz Carlos, 34, 40
Brigadas Vermelhas (grupo italiano), 67
Buarque, Chico, 90
burguesia, 30, 100
Burnham, James, 23

burocracia/burocratas, 12-4, 18, 20-3, 33, 35, 38-9, 41-6, 48-51, 58-9, 60-4, 70-1, 84-6, 89, 96-101, 118-20, 125-6, 134, 138, 144-5
Bush, George W., 97

Câmara dos Deputados, 59, 63, 111, 141, 154*n*
capitalismo, 23, 33, 100
Cardoso, Fernando Henrique, 9, 40, 43-4, 46, 48, 65, 87, 100
Cardoso Jr., José Celso, 86
Cardozo, José Eduardo, 75, 81
cargos comissionados, 47, 48, 126
Cartas a favor da escravidão (Alencar), 29
Carvalho, Apolônio de, 90
Casa Civil, 56, 60
censo do magistrado brasileiro, 99
centrão, 142
Centro de Tecnologia e Sociedade da Fundação Getulio Vargas, 139
CGU (Controladoria-Geral da União), 44, 49, 56, 60, 87-9, 91, 93-4, 115
Chile, 101
Chirac, Jacques, 67
classe(s) média(s), 29-31, 77, 80, 124
classes dominantes, 127; *ver também* elites
clientelismo, 31-7, 39, 43, 45-8, 52, 102-3, 118, 142, 144-5, 147
Clinton, Hillary, 97
clivagem oposição/governo, 109
cocaína, 79
Código Civil, 135
Código de Processo Civil, 112
Collor de Mello, Fernando, 59
Colômbia, 101
colonialismo, 29

Comissão de Constituição e Justiça do Senado (CCJ), 107-9
Conare (Comitê Nacional para os Refugiados), 65, 67-70
concursos públicos, 36, 43, 48, 50, 61, 63, 98, 101, 119, 126-7
Conectas (ONG de direitos humanos), 59
conferências nacionais, edições de, 122-3, 125
conflitos sociais, 25, 63
Congresso Nacional, 59, 92, 93, 97, 108, 110-4, 116, 122, 134, 137, 141-2, 156n; *ver também* Câmara dos Deputados; Senado
Conselho Gestor da Internet, 139
Conselho Nacional de Justiça, 91
"conservadorismo decisório" da burocracia, 71
Constituição Estadual de São Paulo, 101
Constituição Federal (1988), 11, 14, 28, 34-7, 39, 42-3, 47-8, 52, 102, 117, 131, 145
contas bancárias, Enccla, 92
Convenção Interamericana de Direitos Humanos, 131
corporativismo, 32-7, 39, 43, 45-8, 52, 100, 102-3, 118, 144-5, 147
Correio Braziliense (jornal), 81
Correios, 42
corrupção, 12, 49-51, 87-8, 92-5, 97-8, 101-2, 114-6, 146
Costa, Hélio, 137
Costa, Paulo Roberto, 50
cotas, políticas de, 120, 126-8, 146
Covas, Mário, 37
covid-19, pandemia de, 51, 77-8
crack, 79, 80
crimes cibernéticos, 136
criminalidade, 111-2
Cunha, Eduardo, 142, 144, 156n
Curitiba (PR), 94

Dahl, Robert, 63
Dahlström, Carl, 85
Dasp (Departamento Administrativo do Serviço Público), 33
decisões técnicas, 14, 67, 70, 86
democracia brasileira, 51-2, 97, 99
democracia racial, mito da, 10
democracias contemporâneas, desafio das, 50
Departamento de Recuperação de Ativos e Cooperação Jurídica Internacional, 91
desarmamento, políticas de, 109, 146
desigualdades, 13-4, 24, 28, 30, 46, 52, 127-8, 146-7
desmatamento, 52
Deus, referência a (no texto da Constituição), 37
dinastia da casa real, poder da, 61
diplomacia, 41, 68
direita política, 12, 37
direito administrativo, 132-3
direito penal, 115, 122, 133, 136
direitos humanos, 114
direitos individuais, 77, 133
direitos trabalhistas, 33
direitos universais, garantia de, 32-5
discurso técnico, falsa neutralidade no, 123-4
ditadura militar (1964-85), 11, 56, 62
Donos do poder, Os (Faoro), 147
"Down with Meritocracy" [Abaixo a meritocracia] (Young), 25
drogas, 75-85, 114, 136; *ver também*

traficantes de drogas; usuários de drogas
Du Gay, Paul, 22
Duque, Renato, 50

economia, relação entre Estado e, 146
educação pública, 41, 51, 126
eleições, 12, 20-1, 24, 50, 119-20
elites, 28-9, 31, 33, 46, 101
Emenda Constitucional 45 *ver* Reforma do Judiciário
Enap (Escola Nacional de Administração Pública), 42, 44
Enccla (Estratégia Nacional de Combate à Corrupção e à Lavagem de Dinheiro), 90-5, 98, 100-2, 114
ensino fundamental, 9, 52
escravidão, 29
esquerda política, 12, 37, 77, 90, 107
Estado brasileiro, 32, 34-5, 45, 47-8, 52, 56, 57, 100-2, 127, 146-7
Estado de S. Paulo, O (jornal), 81
Estado Democrático de Direito, 21, 34-5, 46, 51
"Estado dinástico", 61
Estado nacional, formação do, 61
Estado republicano, 36, 46, 120
Estados Unidos, 19, 27, 29-30, 78, 89, 101
Estatuto do Desarmamento, 109
Estatuto do Idoso, 109
Estatuto do Torcedor, 109
Estatuto dos Povos Indígenas, 122, 123; *ver também* indígenas
Europa, 25-6, 28-30, 66
Executivo, Poder, 41, 50, 63, 91, 94-5, 98, 101-2, 108, 111, 113-5, 117, 119, 134, 141, 143

ex-escravizados, desamparo dos, 128; *ver também* negros e negras

Falconeri, príncipe de (personagem), 30
Faoro, Raymundo, 90-1, 101, 147
FATF (Financial Action Task Force), 96
Febraban (Federação Brasileira de Bancos), 136
Fernandes, Florestan, 9-12, 30, 128
FHC *ver* Cardoso, Fernando Henrique
Folha de S. Paulo (jornal), 59, 81, 154-5n
força de trabalho, discrepância entre negros e brancos na, 126-7
"força do melhor argumento" (conceito de Habermas), 142-3
fortalecimento republicano das instituições, 119
Fórum Internacional Software Livre (FISL, Porto Alegre, 2009), 135-6
França, 23, 67, 101
fronteiras do Brasil, 57-9
funcionalismo público *ver* servidores públicos
Fundação Getulio Vargas (FGV), 82, 115, 139
Furtado, Celso, 90

GAFI (Grupo de Ação Financeira Internacional), 95-6
gênero, desigualdades de, 30, 127
Genoino, José, 59
Genro, Tarso, 55-6, 65, 67-71, 129, 135, 137-8, 156n
gerencialismo, 23
Gil, Gilberto, 11
Globo, O (jornal), 81
Goulart, João, 90
Gourevitch, Peter, 26

governabilidade, 32, 34, 85
Gramática política do Brasil, A (Nunes), 32
gramáticas políticas, conceito de, 32
Guardian, The (jornal), 25
Guimarães, Samuel Pinheiro, 55
Guimarães, Ulysses, 37

Habermas, Jürgen, 142-3
Haddad, Fernando, 101
Hage, Jorge, 56
heteronormatividade, 123-4, 126
Hidalgo, César, 17-8
Holanda, Maria Amélia Buarque de, 90
Holanda, Sérgio Buarque de, 90
Hungria, 89

IBCCRIM (Instituto Brasileiro de Ciências Criminais), 101
IBGE (Instituto Brasileiro de Geografia e Estatística), 48, 126
"Ideias fora do lugar, As" (Schwarz), 28
ideologia(s), 12, 23, 77-80, 83-4
Ilanud (Instituto Latino-Americano das Nações Unidas para a Prevenção do Delito e Tratamento do Delinquente), 111-2
impeachment da presidenta Dilma Rousseff, 88, 142, 155*n*
imprensa, 19, 56, 59, 66, 75
independência do Brasil (1822), 10
indígenas, 11, 30, 114, 120, 122-3, 125, 127-8, 146
informação, assimetria na produção governamental de, 110-1
infrações de trânsito, 130
Inglaterra, 23, 25, 101
Instagram, 17

instituições, transformação das (governo PT), 91
instituições participativas, 38-9
insulamento burocrático, 32-3, 35-7, 39, 45, 49, 100, 102-3, 145
inteligência, testes de, 23-4
interesses político-partidários, 47
Internet, Marco Civil da, 135, 137, 140, 142, 144, 146, 156*n*
internet livre, movimento pela, 136-7, 143
Ipea (Instituto de Pesquisa Econômica Aplicada), 83, 126
isonomia, 33, 35, 48, 50, 60, 102, 127
Itália, 65, 67-8, 101
Itamaraty (Ministério das Relações Exteriores), 43, 48, 55-7, 59-60, 62, 100

Jardim, Torquato, 87
jornalistas, 75, 81; *ver também* imprensa
Jucá, Romero, 88, 155*n*
Judiciário, Poder, 19, 41, 48, 82, 91-2, 94, 98-101, 109-10, 112, 114, 119
juízes brasileiros, média salarial dos, 99
jurisprudência sobre responsabilização penal da pessoa jurídica, 115

Koga, Natalia, 83
Krehbiel, Keith, 110

Lampedusa, Giuseppe Tomasi di, 30
Lapuente, Victor, 85
Lava Jato, operação, 87-8, 94, 98, 102, 155*n*
lavagem de dinheiro, 92-3, 96-7
"legal-racional", legitimidade, 20, 62
legalização das drogas, 77, 81
Legislativo, Poder, 19, 38, 41, 109, 111-3, 134, 141

Lei Anticorrupção, 93, 116
Lei Áurea, 128
Lei de Acesso à Informação (LAI), 55, 60, 62-3, 70-1, 93, 98, 100
Lei de Combate à Lavagem de Dinheiro, 93
Lei de Crimes Hediondos, 111
Lei de Drogas, 76, 80-1
Lei de Falências, 109
Lei de Organizações Criminosas, 93
Lei Seca, 129-30, 133
Leopardo, O (Lampedusa), 30
Levy, Eduardo, 156*n*
Levy, Joaquim, 96-7
liberal, democracia, 52
Lindblom, Charles, 63
linguagem hermética (no cotidiano do Estado), 125
Lins e Silva, Evandro, 90
Lobão, Edison, 108
lobby/lobistas, 110, 136, 156*n*
Lotta, Gabriela, 13, 154*n*
Loureiro, Maria Rita, 49-50
Lula da Silva, Luiz Inácio, 13, 40, 43-4, 46-8, 58, 62, 65-6, 68, 80, 87, 90, 94, 96, 102, 107-8, 118-9, 135, 137
lumpemproletariado, 10

Machado, Sérgio, 88, 155*n*
machismo, 30, 147
maconha, 77-8
Magalhães, Antônio Carlos, 108
magistrado brasileiro, censo do, 99
Managerial Revolution, The [*A revolução gerencial*] (Burnham), 23
meios de produção, controle dos, 23
Mendonça, Duda, 91
mensalão, escândalo do, 94
Mercadante, Aloizio, 107-8

meritocracia, 9, 17, 21, 23, 25-8, 30-1, 100, 124, 145-7
Miguel, Luis Felipe, 127
Ministério da Administração e Reforma do Estado (anos 1990), 40
Ministério da Cultura, 138
Ministério da Defesa, 56, 60
Ministério da Fazenda, 96
Ministério da Justiça, 56, 58, 60, 65, 68, 76, 90-2, 94, 97, 111-4, 124, 130, 137-8, 143; ver *também* Secretaria de Assuntos Legislativos do Ministério da Justiça
Ministério das Comunicações, 137
Ministério do Planejamento, 43
Ministério Público, 36, 48-9, 52, 91-2, 94, 99-100
minorias, 19, 20, 148
Mitterrand, François, 67
modernidade, 20
Molon, Alessandro, 141
Moro, Sergio, 102
mortes no trânsito, 132-3
movimentos sociais, 77, 97, 146
mulheres, 19, 24, 114, 126-7, 148
multidimensionalidade da democracia, 38

Nações Unidas, 95, 111
nazismo, 22-3
negacionismo (no debate sobre a covid-19), 77-8
negros, 10, 19, 30, 52, 77, 80, 120, 126-8, 148
Neves, Tancredo, 10
New York Times, The (jornal), 66
"nobreza de Estado", 61
"nós" e "eles", distinção entre (na linguagem burocrática), 125

Nova República, 10-1
Nunes, Edson, 32, 34, 39-40, 102-3

OCDE (Organização para a Cooperação e Desenvolvimento Econômico), 44, 95
OEA (Organização dos Estados Americanos), 95
oligarquias, 32
Onze de Setembro, atentados de (2001), 97
orçamento impositivo, PEC do, 142
Organização Informacional, 110
Organizações Sociais (OSS), 41-2
Orwell, George, 23

Pacto de Estado em Favor de um Judiciário mais Rápido e Republicano, 91-2, 112
padrão da participação, 35, 39, 47, 102
padrão de relação entre Estado e sociedade, 32, 37, 39
Palácio Raymundo Faoro (sede do Ministério da Justiça), 90
pardos, 126
Paris, 95
participação popular, 36-9, 52, 147
Partido Trabalhista (Inglaterra), 25
pasta-base de coca, 79
Pastoral Carcerária de São Paulo, 76
patrimonialismo, 10, 32, 49, 91, 101
Pensando o Direito (projeto universitário), 76, 80, 107, 113, 116-8, 129
"pequenos traficantes", 75; *ver também* drogas; traficantes de drogas; usuários de drogas
periferias, movimento político das, 83
perseguição política, 67-8
pessoas jurídicas, 114-5, 116

Petrobras, 42, 50, 142
PFL (Partido da Frente Liberal), 108
PIB brasileiro, 100
Pires, Roberto, 38
PMDB (Partido do Movimento Democrático Brasileiro), 59, 137, 142
pobres, camadas e cidadãos, 29-31, 76, 80, 148
pobreza, 52, 146
poder exercido pelo povo, 37
Pogrebinschi, Thamy, 38
polarização da política brasileira, 108-9, 137, 140, 144
Polícia Federal, 43-5, 52, 79-80, 91, 93, 136
Polícia Rodoviária Federal, 130
policymakers, burocratas, 50
política, exercício cotidiano da, 85
Política como vocação, A (Weber), 21
políticas públicas, 12, 19-20, 27, 45, 50, 78, 83, 109, 116-8, 120, 122, 124-5, 127-30
populismo, 22, 27, 89
Portal da Transparência, 62, 91
Porto Alegre (RS), 135
Portugal, 100-1
presídios, superlotação de, 76
Primacy of Politics: Social Democracy and the Making of Europe's Twentieth Century, The [*O primado da política: a social-democracia e a criação do século XX europeu*] (Berman), 25
Primeira Guerra Mundial, 22
privatizações, 41-2
procedimentos, universalismo de, 32-9, 43, 45, 47-8, 52, 100, 102-3, 145, 147
Procuradoria-Geral da República, 91

Programa de Aceleração do Crescimento, 43
Programa Nacional de Imunizações, 51
Pronaf (Programa Nacional de Fortalecimento da Agricultura Familiar), 146
PSDB (Partido da Social Democracia Brasileira), 47, 136
PT (Partido dos Trabalhadores), 11, 44-5, 47, 59, 68, 76, 88, 90-1, 122, 141
Puls, Mauricio, 142

racionalidade técnica, 26, 63
racismo, 30, 77, 80, 83-5, 126, 147
Reale Jr., Miguel, 65
realimentação dos padrões de desigualdade, 127; *ver também* desigualdades
Receita Federal, 43, 48, 92-4
redemocratização do Brasil, 36, 107
Reforma da Previdência, 109
Reforma do Judiciário, 82, 91, 109-10, 112
refúgio (nacional e internacional), legislação sobre, 67-8
representativa, democracia, 38
republicanas, instituições, 14, 35, 39, 103, 147
"republicano", como adjetivo da moda (governo PT), 91, 155n
responsabilização penal da pessoa jurídica, 114-5
Ribeiro, Mendes, 59
Rio Branco, barão do, 55, 57-8
Rio de Janeiro, 82
Rise of the Meritocracy, The [*A ascensão da meritocracia*] (Young), 23
robôs, 17-9

Rodrigues, Fernando, 59
Rohter, Larry, 66
Roraima, 58
Rothstein, Bo, 85
Rousseff, Dilma, 13, 56, 75, 81-2, 84, 88, 96, 142, 155-7n

Salvatti, Ideli, 142
Sandel, Michael, 27
Santos, Fabiano, 38
São Paulo, 9-10, 76, 101, 107, 122
Sarkozy, Nicolas, 67
Sarney, José, 10
saúde pública, 41, 51, 78, 80, 125-6, 146
Schwarz, Roberto, 28-9, 31
Secretaria de Assuntos Legislativos do Ministério da Justiça, 65, 76, 80, 97, 113, 116, 118, 129, 131, 136-7, 139
Secretaria de Reforma do Judiciário, 82, 91, 112
Segunda Guerra Mundial, 22-3
Seligman, Felipe, 156n
Senad (Secretaria Nacional de Políticas sobre Drogas), 75, 81
Senado, 51, 97, 107-11
serviços públicos, 38, 42-3, 145
serviços sociais, 42
servidores públicos, 33, 44-5, 49, 51, 56-7, 59, 66, 70, 79, 87-9, 95, 98, 102, 117-8, 120, 126, 129, 134
setor privado, 23
setor público, 23, 86, 120
silêncio, direito ao, 131
Silveira, Fabiano, 87
Sistema Único de Assistência Social, 43, 146
Sistemas deliberativos e processo decisó-

rio congressual: Um estudo de caso sobre a aprovação do Marco Civil da Internet (Abramovay), 156*n*
social-democracia, 25-6
socialismo, 23, 67
sociedade civil, 18, 50, 59, 88, 116, 136-7, 139, 141
"Sonho, Um" (canção), 11
STF (Supremo Tribunal Federal), 69, 81, 90, 112, 155*n*
Sudeste (região do Brasil), 49, 99
Sul (região do Brasil), 99
Suplicy, Marta, 124
Supremo Tribunal Federal *ver* STF
SUS (Sistema Único de Saúde), 52, 146

Tavares, Maria da Conceição, 90
TCU (Tribunal de Contas da União), 49, 93
técnicos, funcionários, 10-2, 26, 31, 50-1, 60, 63, 84, 88, 110, 133, 146-7
tecnocracia, 12, 23, 31, 46, 49
TED Talks (conferências), 17
Teixeira, Paulo, 76
telefonia, empresas de, 137, 141-3, 156*n*
Temer, Michel, 47, 87-8, 113, 156*n*
Terra, Osmar, 78
território do Brasil, 57-9
terrorismo, 67, 69, 96-7
Tesouro Nacional, 48
Tirania do mérito, A (Sandel), 27
Tocqueville, Alexis de, 19
"Todo poder emana do povo, que o exerce por meio de representantes eleitos ou diretamente" (fórmula da Constituição de 1988), 37
trabalho infantil, 146
traficantes de drogas, 75-7
Trump, Donald, 27, 89
Turquia, 89

UFRJ (Universidade Federal do Rio de Janeiro), 76
UnB (Universidade de Brasília), 76
União Europeia, 26
União Soviética, 23
universalismo de procedimentos, 32-9, 43, 45, 47-8, 52, 100, 102-3, 145, 147
USP (Universidade de São Paulo), 9-10, 112
usuários de drogas, 76-7, 137

Vale do Rio Doce (mineradora), 42
Vargas, Getúlio, 32-4, 66
Vaz, Alexandre, 38
Vaza Jato, diálogos da, 98
Venezuela, 89
Viena, 95
violência, 21, 28, 30, 80, 84-5
"Viva o índio do Xingu!" (canção), 11
vontade popular, 19-20

Washington, D.C., 95
Weber, Max, 20-3, 60-1, 66, 120
Wiecko, Ela, 76
Wikipédia, 138

Young, Michael, 23, 25

Zaffalon, Luciana, 101

ESTA OBRA FOI COMPOSTA PELA SPRESS EM MINION E IMPRESSA
EM OFSETE PELA GRÁFICA PAYM SOBRE PAPEL PÓLEN SOFT DA SUZANO S.A.
PARA A EDITORA SCHWARCZ EM SETEMBRO DE 2022

A marca FSC® é a garantia de que a madeira utilizada na fabricação do papel deste livro provém de florestas que foram gerenciadas de maneira ambientalmente correta, socialmente justa e economicamente viável, além de outras fontes de origem controlada.